A Voz do Conhecimento

Don Miguel Ruiz
com
Janet Mills

A Voz do Conhecimento

O livro da Filosofia Tolteca

7ª edição

Tradução
Alice Xavier

Rio de Janeiro | 2024

CIP-BRASIL. CATALOGAÇÃO NA PUBLICAÇÃO
SINDICATO NACIONAL DOS EDITORES DE LIVROS, RJ

Ruiz, Miguel, 1952-

R884v   A voz do conhecimento: o livro da filosofia tolteca: um guia
7ª ed.   prático para a paz interior / Miguel Ruiz, Janet Mills; tradução
Alice Xavier Brazil. – 7ª ed. – Rio de Janeiro: Best*Seller*, 2024.

Tradução de: The voice of knowledge
ISBN: 978-85-7684-164-7

1. Paz interior. 2. Conduta. 3. Filosofia tolteca. I. Mills,
Janet, 1953. II. Título.

	CDD: 299.792
07-2073.	CDU: 299.77

Título original norte-america:
THE VOICE OF KNOWLEDGE:
A PRACTICAL GUIDE TO INNER PIECE
Copyright © 2004 by Miguel Angel Ruiz, M.D., e Janet Mills
Publicado originalmente em inglês em 2004 por Amber-Allen Publishing Inc.
San Rafael, Califórnia, EUA

Capa: Sérgio Campante
Diagramação: ô de casa

Todos os direitos reservados. Proibida a reprodução,
no todo ou em parte, sem autorização prévia por escrito da editora,
sejam quais forem os meios empregados.

Direitos exclusivos de publicação em língua portuguesa para o Brasil
adquiridos pela
EDITORA BEST SELLER LTDA.
Rua Argentina, 171, 3º andar, São Cristóvão
Rio de Janeiro, RJ – 20921-380
que se reserva a propriedade literária desta tradução

Impresso no Brasil

ISBN 978-85-7684-164-7

Seja um leitor preferencial Record.
Cadastre-se no site www.record.com.br e receba informações
sobre nossos lançamentos e nossas promoções.

Atendimento e venda direta ao leitor
sac@record.com.br

Dedico este livro aos anjos que me
ajudaram a difundir a mensagem da verdade
pelo mundo.

SUMÁRIO

Agradecimentos 9
Os toltecas 11

1 ... ADÃO E EVA ... 15
A história vista de outro ângulo

2 ... UMA VISITA A MEU AVÔ ... 29
Uma verdade singela é descoberta

3 ... A MENTIRA DE NOSSA IMPERFEIÇÃO ... 41
Lembranças da infância são revividas

4 ... UMA NOITE NO DESERTO ... 57
Encontro com o infinito

5 ... O CONTADOR DE HISTÓRIAS ... 67
Analisando os personagens da história

6 ... A PAZ INTERIOR ... 87
Duas regras para domar a voz

7 ... AS EMOÇÕES SÃO REAIS ... 107
A voz do conhecimento não é real

A VOZ DO CONHECIMENTO

8 ... BOM SENSO E FÉ CEGA ... 123
Recuperando a fé e o livre-arbítrio

9 ... TRANSFORMAR O CONTADOR DE HISTÓRIAS ... 145
Os Quatro Compromissos como ferramentas favoritas

10 ... ESCREVER NOSSA HISTÓRIA COM AMOR ... 165
A vida como um romance sem-fim

11 ... ABRIR OS OLHOS ESPIRITUAIS ... 185
A realidade do amor que nos cerca

12 ... A ÁRVORE DA VIDA ... 203
A história completa o ciclo

Orações ... 221

Agradecimentos

Desejo expressar minha gratidão a Janet Mills, a mãe deste livro. Também gostaria de agradecer a Gabrielle Rivera, Gail Mills e Nancy Carleton, que carinhosa e generosamente dedicaram seu tempo e talento à realização do livro.

Os toltecas

HÁ MILHARES DE ANOS, OS TOLTECAS ERAM CONHECI-dos em todo o sul do México como "homens e mulheres de sabedoria". Descritos pelos antropólogos como uma nação ou grupo étnico, os toltecas eram, de fato, cientistas e artistas que formaram uma sociedade para explorar e conservar o conhecimento espiritual e as práticas dos ancestrais. Congregaram-se como mestres (*nagual*) e estudantes em Teotihuacán, a antiga cidade das pirâmides vizinha à Cidade do México, conhecida como o lugar onde "o homem se transforma em Deus".

Durante milênios os *nagual* viram-se obrigados a esconder a sabedoria ancestral, cuja existência foi mantida em segredo. A conquista européia, associada ao emprego

A VOZ DO CONHECIMENTO

incorreto do poder por parte de alguns aprendizes, trouxe a necessidade de proteger o conhecimento em relação àqueles que não estavam preparados para usá-lo com sabedoria ou que pudessem internacionalmente fazer mal uso dele em benefício próprio.

Felizmente, diversas linhagens de *nagual* personificaram e transmitiram às gerações seguintes o conhecimento esotérico dos toltecas. As antigas profecias, mesmo permanecendo envoltas em segredo durante séculos, anunciavam a chegada de uma era em que seria necessário devolver a sabedoria ao povo. Agora, Don Miguel Ruiz, um *nagual* da linhagem do Cavaleiro da Águia, foi orientado a partilhar conosco os poderosos ensinamentos dos toltecas.

O conhecimento tolteca tem sua origem na mesma unidade essencial de verdade que todas as tradições sagradas esotéricas que encontramos mundo afora. Ainda que não seja uma religião, o conhecimento tolteca reverencia todos os mestres espirituais que vêm ensinando neste planeta. Ainda que admita o elemento espiritual, seria mais exato descrevê-lo como um modo de vida que se distingue pelo pronto acesso à felicidade e ao amor.

O que é verdadeiro é real.
O que não é verdadeiro não é real.
É uma ilusão, mas parece real.
O amor é real.
É a suprema expressão da vida.

1

Adão e Eva
A história vista de outro ângulo

Uma bela e antiga lenda que quase todo mundo conhece é a história de Adão e Eva. Uma de minhas histórias favoritas, ela transmite, por meio de símbolos, o que tento explicar com palavras. A história de Adão e Eva se baseia na verdade absoluta, um fato que nunca entendi quando era criança. É uma das maiores lições de todos os tempos, mas a maioria das pessoas não soube interpretar bem. Agora vou lhe contar essa história a partir de outro ângulo, talvez do mesmo ponto de vista de quem a criou.

A VOZ DO CONHECIMENTO

A história fala sobre você e eu. Ela diz respeito a nós. Versa sobre toda a humanidade porque, como você sabe, a humanidade é um ser vivo único: o homem, a mulher, todos nós somos um só. Nessa história chamamos de Adão e Eva a nós mesmos, e somos os seres humanos originais.

A história começa quando éramos inocentes, antes de fecharmos nossos olhos espirituais, o que quer dizer, há milênios. Vivíamos no paraíso, no Jardim do Éden, que era o céu na terra. O céu existe quando nossos olhos espirituais estão abertos. É um lugar de paz e alegria, de liberdade e amor eterno.

Para nós – Adão e Eva – tudo se relacionava ao amor. Nós nos amávamos e respeitávamos mutuamente, e vivíamos em perfeita harmonia com toda a Criação. Nossa relação com Deus, nosso criador, era uma perfeita comunhão de amor, o que significa que comungávamos com Deus o tempo todo, e Deus comungava conosco. Nosso criador era um Deus de amor e justiça, e nele depositávamos nossa fé e confiança. Deus nos dava total liberdade, e usávamos nosso livre-arbítrio para amar e apreciar toda a Criação. A vida era bela no Paraíso. Os humanos primitivos viam tudo através dos olhos da verdade, viam *tudo como é*, e adoravam. Nós éramos assim, e isso não nos sobrecarregava.

ADÃO E EVA

Pois bem: reza a lenda que no meio do Paraíso se erguiam duas árvores. Uma era a Árvore da Vida, que dava vida a tudo na existência, e a outra era a Árvore da Morte, mais conhecida como a Árvore do Conhecimento. Esta era uma árvore formosa, de frutos suculentos. Muito tentadora. E Deus nos disse: "Não se aproximem da Árvore do Conhecimento. Se comerem o fruto daquela árvore, vocês poderão morrer."

Está entendido, tudo bem. Mas temos, por natureza, a paixão por investigar, e é claro que fomos visitar a árvore. Se você conhece a história, talvez já tenha adivinhado quem morava nela. A Árvore do Conhecimento era a moradia de uma grande serpente muito venenosa. A serpente é apenas um outro símbolo daquilo que os toltecas chamam de *o Parasita*, e bem se pode imaginar por quê.

A história conta que a serpente que vivia na Árvore do Conhecimento era um anjo caído que havia sido o mais formoso de todos. Como você sabe, um anjo é um mensageiro que propaga a mensagem de Deus – a mensagem de verdade e amor. Porém, sabe-se lá por que motivo, aquele anjo caído já não propagava mais a verdade, o que significa que propagava a mensagem incorreta. A mensagem do anjo caído era o medo, em lugar do

A VOZ DO CONHECIMENTO

amor; era a mentira, em lugar da verdade. De fato, a história descreve o anjo caído como o Príncipe das Mentiras, o que quer dizer que ele era um mentiroso eterno. Cada palavra saída de sua boca era uma mentira.

Segundo a história, o Príncipe das Mentiras estava vivendo na Árvore do Conhecimento, e o fruto daquela árvore, que era *conhecimento*, foi contaminado pelas mentiras. Fomos até a árvore e tivemos a conversa mais incrível com o Príncipe das Mentiras. Éramos inocentes. Não sabíamos. Confiávamos em qualquer um. E ali estava o Príncipe das Mentiras, o primeiro contador de histórias, um sujeito muito astuto. Agora a história fica um pouco mais interessante, já que a serpente, ela mesma, tinha toda uma história pessoal.

O anjo caído ficou falando durante muito tempo, e nós ficamos ouvindo o que ele dizia. Você sabe, quando somos crianças e nossos avós nos contam histórias, ansiamos por ouvir tudo o que eles nos dizem. Nós aprendemos; e aprender é muito sedutor – ficamos com vontade de saber mais. Mas ali quem estava falando era o Príncipe das Mentiras. Não tenham dúvidas – ele estava mentindo e acabamos seduzidos pelas mentiras. Nós *acreditamos* na história do anjo caído, e este foi o nosso grande erro. É isso que significa comer o fruto da

ADÃO E EVA

Árvore do Conhecimento. Nós *concordamos* e tomamos por verdade a palavra dele. *Acreditamos* nas mentiras; pusemos nelas nossa *fé*.

Quando mordemos a maçã, engolimos as mentiras que vinham com o conhecimento. O que acontece quando engolimos uma mentira? Acreditamos nela, e pronto! Agora aquela mentira está vivendo dentro de nós. É fácil de entender. A mente é solo extremamente fértil para conceitos, idéias e opiniões. Se alguém nos contar uma mentira e acreditarmos nela, aquela mentira criará raízes em nossa mente. Ali poderá crescer e se fortalecer, exatamente como uma árvore. Uma mentira pequena pode ser muito contagiosa, e espalhar suas sementes de uma pessoa a outra, quando a compartilhamos com terceiros. Bem, as mentiras entraram em nossas mentes e reproduziram ali dentro, integralmente, a Árvore do Conhecimento, que é tudo o que conhecemos. Mas o que é que conhecemos? Principalmente, mentiras.

A Árvore do Conhecimento é um poderoso símbolo. Segundo a lenda, quem comer o fruto dela terá ciência do bem e do mau; conhecerá a diferença entre o certo e o errado, o belo e o feio. Recolherá aquele conhecimento todo e começará a julgar. Pois bem, foi isso que aconteceu

· 19 ·

em nossas mentes. E, pela simbologia da maçã, cada conceito, cada mentira, é exatamente como a fruta com a semente. Quando plantamos o fruto em solo fértil, sua semente cria outra árvore. Aquela árvore produz mais frutos, e pelo fruto se conhece a árvore.

Ora, cada um de nós tem sua própria Árvore do Conhecimento, que é nosso sistema pessoal de crenças. A Árvore do Conhecimento é a estrutura de tudo em que acreditamos. Cada conceito, cada opinião, forma um pequeno ramo da árvore, até acabarmos formando uma Árvore do Conhecimento completa. No momento em que a árvore ganha vida em nossa mente, ouvimos o anjo caído falando muito alto. O mesmo anjo caído, o Príncipe das Mentiras, vive em nossas mentes. Do ponto de vista tolteca, naquela fruta vivia um Parasita que se instalou em nós ao comermos o fruto. Agora ele está vivendo nossa vida. O contador de histórias, o Parasita, nasceu dentro de nossas cabeças, e sobrevive ali porque o alimentamos com nossa fé.

A história de Adão e Eva explica como a humanidade caiu do sonho do céu no sonho do inferno; e ela nos conta como nos tornamos o que somos neste momento. Geralmente a história conta que demos só uma mordida na maçã, mas isso não é verdade. Creio que comemos

ADÃO E EVA

todos os frutos da árvore, e sentimos náusea por estarmos repletos de mentiras e de veneno emocional. Os seres humanos devoraram cada conceito, cada opinião e cada história que o mentiroso contou, embora aquilo não fosse a verdade.

Naquele momento, fecharam-se nossos olhos espirituais e já não conseguimos mais ver o mundo com os olhos da verdade. Começamos a perceber o mundo de uma forma completamente diferente, e tudo mudou para nós. Com a Árvore do Conhecimento na mente só conseguíamos perceber conhecimento, só conseguíamos perceber mentiras. E não mais vivíamos no céu, porque no céu as mentiras não encontram lugar. Assim foi como os seres humanos perderam o paraíso: nós sonhamos mentiras. Criamos o sonho todo da humanidade, de forma individual e coletiva, apoiados em mentiras.

Antes de comermos o fruto da Árvore do Conhecimento, vivíamos em verdade. Dizíamos somente a verdade. Vivíamos em amor, sem medo algum. Depois de comermos o fruto, sentimos culpa e vergonha. Em nosso julgamento já não éramos suficientemente bons, e naturalmente julgamos os demais pelo mesmo critério. Com o julgamento vieram a polaridade, a se-

• 21 •

paração e a necessidade de punir e ser punido. Pela primeira vez já não éramos mais gentis uns com os outros; já não respeitávamos e amávamos toda a Criação divina. Agora sofríamos e começamos a nos condenar, a condenar outras pessoas e até mesmo a Deus. Já não acreditávamos que Ele fosse amoroso e justo, mas que iria nos castigar e ferir, o que era mentira. Não era verdadeiro, mas acreditamos que era, e nos separamos de Deus.

Deste ponto de vista é fácil entender o que se quer dizer com *pecado original*. O pecado original não é o sexo. Não, aí temos outra mentira. O pecado original é acreditar nas mentiras que vêm da serpente na árvore, do anjo caído. O sentido da palavra *pecado* é "ir contra". Tudo que dizemos que fazemos contra nós mesmos é um pecado; não se relaciona a culpa ou condenação moral. Pecar é acreditar em mentiras e usá-las contra nós mesmos. Daquele primeiro pecado, o pecado original, vieram todos os outros.

Quantas mentiras você ouve em sua mente? Quem está julgando, quem está falando, quem é o dono de todas as opiniões? Se você não ama é porque a voz não lhe permite amar. Se não goza a vida é porque a voz não lhe permite que o faça.

ADÃO E EVA

E não é só isso – o mentiroso que temos na mente precisa expressar todas aquelas mentiras, contar sua história. Partilhamos com as outras pessoas os frutos de nossa Árvore, e porque elas têm o mesmo tipo de mentiroso, nossas mentiras conjuntas se tornam mais poderosas. Agora podemos odiar mais. Agora podemos ferir mais. Agora podemos defender nossas mentiras e nos tornarmos fanáticos seguindo-as. Os seres humanos chegam até a se destruir uns aos outros, em nome delas. Quem está vivendo nossas vidas? Quem está fazendo nossas escolhas? Acho que a resposta é óbvia.

Agora sabemos o que acontece em nossas mentes. O contador de histórias está ali; ele é aquela voz mental que fica falando e falando, e nós ficamos ouvindo e ouvindo, e acreditando em cada palavra. A voz nunca pára de julgar. Ela julga tudo que fazemos, tudo que não fazemos, tudo que sentimos, tudo que não sentimos, tudo que os outros fazem. Ela fica o tempo todo tagarelando em nossas cabeças, e o que sai daquela voz? Mentiras, principalmente mentiras.

Essas mentiras nos prendem a atenção e tudo que vemos são mentiras. Esta é a razão de não vermos a realidade do céu que existe neste mesmo lugar, neste exato momento. O céu nos pertence por sermos os filhos dele.

A VOZ DO CONHECIMENTO

A voz em nossas mentes não nos pertence. Ao nascermos, não temos aquela voz. A voz mental chega depois de aprendermos – primeiramente, a língua; depois, diferentes pontos de vista; finalmente, todos os juízos e mentiras. Logo, quando aprendemos a falar, ainda falamos só a verdade. Porém, aos poucos, a Árvore do Conhecimento vai sendo inteiramente programada em nossas mentes, e, por fim, o grande mentiroso se apodera do sonho de nossa vida.

Você sabe, no momento em que nos separamos de Deus, começamos a buscá-lo. Pela primeira vez começamos a busca pelo amor que acreditávamos não ser nosso. Começamos a busca pela justiça, pela beleza, pela verdade. A busca se iniciou há milhares de anos e ainda estamos buscando o paraíso que perdemos. Estamos buscando a maneira de ser que foi nossa antes de acreditarmos nas mentiras: a maneira autêntica, verdadeira, amorosa, jubilosa. A verdade é que cada um está em busca de seu Eu.

Sabem, o que Deus nos disse era verdade: se comermos do fruto da Árvore do Conhecimento, podemos morrer. Nós o comemos e estamos mortos. Estamos mortos porque já não está presente nosso eu autêntico. Quem está vivendo nossa vida é o grande mentiroso, o Príncipe das Mentiras, aquela voz em nossas mentes. Você pode chamá-la de *pensamento*. Eu a chamo *a voz do conhecimento*.

Temas para reflexão

- A mente é solo fértil para conceitos, idéias e opiniões. Se alguém nos conta uma mentira e acreditamos nela, aquela mentira cria raízes em nossa mente. Ali pode crescer e se fortalecer, exatamente como uma árvore. Uma mentira pequena pode ser muito contagiosa, e espalhar suas sementes de uma pessoa a outra, quando a partilhamos com alguém.

- O conhecimento penetra nossas mentes e reproduz ali uma estrutura que é tudo o que **sabemos**. Com todo esse conhecimento na cabeça, **só percebemos aquilo em que *acreditamos***, só percebemos nosso próprio conhecimento. E o que conhecemos? Mentiras, principalmente mentiras.

- No momento em que a árvore ganha vida em nossa mente, ouvimos o anjo caído falando muito

A VOZ DO CONHECIMENTO

alto. A voz nunca pára de julgar. Ela nos diz o que é certo e o que é errado, o que é belo e o que é feio. O contador de histórias nasce dentro de nossa cabeça e sobrevive ali porque o alimentamos com nossa fé.

- O céu existe quando nossos olhos espirituais estão abertos, quando percebemos o mundo através dos olhos da verdade. Depois que as mentiras nos prendem a atenção, os olhos espirituais se fecham. Caímos do sonho do céu e começamos a viver o sonho do inferno.

- O céu nos pertence porque somos filhos dele. A voz em nossa mente não nos pertence. Ao nascermos, não trazemos aquela voz. O *pensamento* vem depois de aprendermos – primeiro a língua; depois, diferentes pontos de vista; e finalmente, juízos e mentiras. A *voz do conhecimento* surge quando acumulamos conhecimento.

- Antes de engolirmos as mentiras que acompanham o conhecimento, vivemos na verdade. Só dizemos a verdade. Vivemos em amor, sem nenhum medo. Obtido o conhecimento, passamos a nos julgar inferiores; sentimos culpa, vergonha e a necessidade

• 26 •

de sermos punidos. Começamos a sonhar mentiras e nos separamos de Deus.

- No momento em que nos separamos de Deus começamos a busca por Ele, pelo amor que acreditamos não possuir. Os humanos estão continuamente em busca de justiça, de beleza, de verdade – de nosso jeito de ser que precedeu à crença em mentiras. Buscamos nosso eu autêntico.

2

UMA VISITA A MEU AVÔ
Uma verdade singela é descoberta

CONSIDERO-ME SORTUDO, POIS FUI CRIADO APRENdendo uma antiga tradição conhecida como tolteca. Minha mãe era uma grande curandeira, e para mim nada tinha de extraordinário testemunhar milagres, já que não conhecia outra coisa. Cresci com a convicção de que tudo é possível, mas o que aprendi sobre os toltecas estava cheio de superstição e mitologia. Lembro-me de ter visto superstições em toda parte, e na adolescência comecei a me rebelar contra todas as mentiras que vinham dessa tradição. Aprendi a desafiar tudo, até que certas experiências me abrissem os olhos para a verdade. Então eu soube que já não era uma teoria o que aprendera dos antigos toltecas. Eu sabia, mas não conseguia explicá-la com palavras.

Neste livro, quero contar a você algumas das experiências que mudaram completamente meu ponto de vista. A cada experiência eu percebia alguma coisa que sempre fora óbvia, mas que eu nunca tinha visto antes. Talvez a forma dessas histórias no relato que lhe farei não seja exatamente a mesma de como ocorreram, mas é assim que as percebo e procuro explicá-las a mim mesmo. Talvez você tenha passado por momentos semelhantes quando – assim como eu – percebeu que não é verdade a maior parte aquilo em que acreditamos. Diante de nós sempre se apresentam oportunidades de perceber a verdade, e minha vida tem sido cheia delas. Muitas me limito a deixar passar, mas outras abriram meus olhos espirituais e tornaram possível a transformação em minha vida.

Uma delas surgiu de uma visita a meu avô quando eu, adolescente, cursava a faculdade. Meu avô era aquilo que chamam um velho *nagual*, uma espécie de xamã. Tinha quase 90 anos e as pessoas costumavam visitá-lo apenas para aprender, para ficar perto dele. Vovô me ensinava desde minha meninice, e durante toda a infância trabalhei com afinco pelo grau de qualidade suficiente para conquistar respeito dele.

Ora, na época eu estava fingindo ser um intelectual, e queria impressionar vovô com minhas opiniões sobre tudo que estava aprendendo na escola. Estava pronto a mostrar a quem tinha sido a maior influência de minha vida o quanto eu havia me tornado astuto. Boa sorte! Fui à casa dele, que me recebeu da forma como sempre fizera – com um sorriso enorme, com um amor imenso. Comecei a lhe expor meu ponto de vista sobre toda a injustiça do mundo, sobre a pobreza, sobre a violência, sobre o conflito entre o bem e aquilo que eu então chamava o *mal*.

Meu avô foi muito paciente e ouviu atento tudo o que eu disse. Isso me animou a falar ainda mais, só para impressioná-lo. A certa altura, vi um sorrisinho em seu rosto. Puxa, senti que viria alguma coisa. Eu não estava conseguindo impressioná-lo de jeito nenhum. Pensei: "Ah, ele está de gozação comigo." Notando minha reação, ele me olhou nos olhos.

– Bem, Miguel, essas teorias que você aprendeu são ótimas – disse. – Mas são apenas teorias. Tudo o que você me disse não passa de história. Não quer dizer que seja verdade.

A VOZ DO CONHECIMENTO

É claro que aquilo me incomodou um pouco. Imediatamente tomei o comentário como pessoal e tentei defender meu ponto de vista. Mas era tarde demais; meu avô começara a falar. Olhou-me e, com um sorriso largo, disse:

— Você sabe, muita gente neste mundo acredita que há um grande conflito no universo, um conflito entre o bem e o mal. Ora, isso não é verdade. É verdade que há um conflito, mas que só existe na mente humana, não no universo. Ele não é verdadeiro para as plantas ou para os animais. Não é verdadeiro para as estrelas ou as árvores, ou para o restante da natureza. Ele só é verdadeiro para os humanos. E o conflito na mente humana não é realmente entre o bem ou o mal. O verdadeiro conflito em nossa mente é entre a verdade e o que não é a verdade, entre a verdade e a mentira. O bem e o mal são apenas o resultado desse conflito. O efeito de acreditar na verdade é bondade, amor, felicidade. Quando você vive sua vida em verdade, você se sente bem e a vida é maravilhosa. O resultado de acreditar em mentiras e defender essas mentiras cria o que chamamos de *mal*; cria o fanatismo. Acreditar em mentiras cria toda a injustiça, toda a violência e a agressão, todo o sofrimento, não só na sociedade, mas também no indivíduo.

UMA VISITA A MEU AVÔ

O universo é tão simples quanto *ele é*, ou *ele não é*, mas os humanos complicam tudo.

Hmm... o que vovô dizia era lógico, e entendi o que ele estava dizendo, mas não lhe dei crédito. Como poderiam ser resultado de algo tão simples todo o conflito do mundo, toda a guerra, a violência e a injustiça? Com certeza, tinha de ser mais complicado que isso.

Ele prosseguiu:

— Miguel, todo o drama que você sofre em sua vida pessoal é o resultado da crença em mentiras, principalmente a respeito de si mesmo. E a primeira mentira em que acredita é que você *não é: não é* como deveria ser, *não é* competente, *não é* perfeito. Nós nascemos perfeitos, crescemos perfeitos e morreremos perfeitos, porque só existe a perfeição. Mas a grande mentira é que você não é perfeito, que ninguém é perfeito. Daí você começa a buscar uma *imagem* de perfeição na qual nunca poderá se converter. Jamais alcançará perfeição naquele grau, pois a imagem é falsa. É mentira, mas você investe sua fé naquela mentira, e depois constrói toda uma infra-estrutura de mentiras para sustentá-la.

Naquele momento não entendi que meu avô estava me dando uma grande oportunidade – algo tão simples quanto ter a percepção de que todos os dramas de minha vida, todo o sofrimento de minha vida se devia à crença em mentiras. Apesar da vontade de acreditar no que meu avô dizia, minha crença nele foi só fingida. E era tão lógico que eu disse:

— Ah, sim, vovô, tem razão. Concordo com o senhor. Mas eu estava mentindo; tinha na cabeça tantas mentiras que não podia aceitar algo tão simples quanto a verdade.

Então meu avô me olhou carinhosamente e disse:

— Miguel, vejo que está tentando muito me impressionar para provar que está à altura. E precisa fazer isso porque em seu próprio conceito você não está à altura.

Isso doeu! Ele me acertou direitinho. Não sei por que, mas me senti como se ele tivesse me apanhado na mentira. Eu nunca havia percebido que meu avô conhecia minhas inseguranças, sabia da autocrítica e da auto-rejeição, da culpa e da vergonha que eu sentia. Como pôde saber que eu estava fingindo ser o que não era?

Vovô estava sorrindo novamente quando me disse:

— Miguel, tudo que aprendeu na escola, tudo que sabe sobre a vida, isso é só conhecimento. Como você pode saber se o que aprendeu é a verdade ou não?

UMA VISITA A MEU AVÔ

Como pode saber se é verdade o que acredita a seu respeito?

Àquela altura eu reagi e disse:

— É claro que conheço a verdade sobre mim. Vivo comigo todos os dias. Sei o que sou!

Diante disso, ele riu com gosto e respondeu:

— A verdade é que você não tem idéia de quem realmente é, mas sabe quem você *não é*. Há tanto tempo vem praticando o que *não é* que realmente acredita que sua *imagem* é o que você é. Sua fé está investida em todas aquelas mentiras nas quais acredita a seu respeito. É uma história, mas não é a verdade. Miguel, o que lhe dá poder é sua fé. A fé é o poder de criação que todo ser humano possui, e ela não tem nada a ver com a religião. A fé é resultado de um compromisso. Quando assume o compromisso de acreditar em alguma coisa sem duvidar, você investe sua fé. Se não duvida daquilo em que acredita, para você aquilo é a verdade embora possa realmente ser uma mentira. Sua fé tem tanto poder que se você se acreditar inferior, você será! Se pensar que vai fracassar, fracassará, pois são imensas a força e a magia de sua fé. Como eu disse antes, você sofre porque acredita em mentiras. É muito simples. A humanidade está assim porque coletivamente cremos em muitas menti-

· 35 ·

ras. Há milênios os seres humanos vêm carregando mentiras, e reagimos a elas com ódio, raiva e violência. Mas elas não passam de mentiras.

Fiquei pensando "Então como podemos conhecer a verdade?", mas antes de poder formular a pergunta em voz alta, meu avô respondeu:

— A verdade precisa ser vivenciada. Temos necessidade de descrever, de explicar, de expressar o que percebemos, mas quando passamos pela experiência da verdade, não há palavras para descrevê-la. Quem quer que proclame "Esta é a verdade" estará mentindo, sem mesmo sabê-lo. Podemos perceber a verdade com nossos sentimentos, mas no momento em que tentamos descrevê-la com palavras, nós a distorcemos e ela já deixa de ser a verdade. Passa a ser a nossa história! É uma projeção baseada na realidade que só vale para nós, mas ainda assim tentamos colocar em palavras nossa experiência, e isto é a coisa realmente maravilhosa! É a suprema arte de cada ser humano.

Ele reparou que não tinha ficado claro para mim o que acabara de expor.

— Miguel, se você é um artista, um pintor, você tenta expressar por meio da sua arte aquilo que percebe. O produto da tentativa talvez não seja exatamente o que

UMA VISITA A MEU AVÔ

você percebeu, mas chega perto o bastante para lhe lembrar aquilo que percebeu. Ora, imagine que você tem muita sorte e é amigo de Picasso. E porque Picasso gosta de você, resolve pintar seu retrato. Você posa para ele, e depois de muitos dias ele finalmente lhe mostra o retrato. Você vai dizer "Isto não sou eu", e Picasso dirá "Claro que sim. É assim que eu vejo você". Para Picasso isto é verdadeiro; ele está expressando o que está percebendo. Mas você diz "Eu não sou assim".

Pois bem, cada ser humano é como Picasso. Cada ser humano é um contador de histórias, o que significa que cada um de nós é um artista. O que Picasso fazia com tintas, nós fazemos com palavras. Testemunhamos a vida acontecer dentro de nós e ao nosso redor, e usamos palavras para traçar um retrato do que testemunhamos. Inventamos histórias sobre tudo o que percebemos, e exatamente como Picasso distorcemos a verdade; no entanto, para nós ela é a verdade. Naturalmente, nossa forma de expressar tal distorção poderia agradar a outras pessoas. A arte de Picasso é altamente valorizada por muita gente.

Todos os seres humanos criam as histórias deles com perspectivas próprias e exclusivas. Por que tentar impor sua história a outras pessoas, quando para elas a mesma não é verdadeira? Quando você entender isso, já não precisará mais defender aquilo em que acredita. A seu ver não será importante ter razão ou tirar a razão dos outros. Em vez disso, você verá os indivíduos como artistas, como contadores de histórias. Saberá que sejam quais forem suas crenças, são só o ponto de vista deles. Não tem nada a ver com você.

Bem, quis impressionar meu avô, porém, mais uma vez foi ele quem me impressionou. Eu tinha muito respeito por meus parentes mais velhos. Mais tarde na vida, entendi o sorriso de meu avô. Ele não estava me ridicularizando. Sorriu porque lhe recordei um tempo em que ele, exatamente como eu, tentara impressionar os mais velhos.

Depois dessa conversa com meu avô senti necessidade de encontrar sentido nas coisas. Queria entender minha vida pessoal e descobrir em que momento comecei a investir minha fé em mentiras. Não foi fácil. Levei dias para digerir aquela conversa. Ver a mim mesmo no presente momento, ver que aquilo em que acreditava não era tão óbvio nem tão fácil de abandonar. Mas eu queria respostas, já que esta é minha natureza. Eu precisava saber e minhas lembranças eram o único ponto de referência.

UMA VISITA A MEU AVÔ

Temas para reflexão

- Há um conflito na mente humana entre a verdade e o que não é a verdade, entre a verdade e as mentiras. O resultado da crença na verdade é bondade, amor, felicidade. O resultado de acreditar em mentiras e defendê-las é injustiça e sofrimento – não só para a sociedade, mas também para o indivíduo.

- Todo o drama dos seres humanos resulta da crença em mentiras, principalmente sobre eles próprios. A primeira mentira em que acreditamos é *Eu não sou*: eu não sou do jeito que *deveria* ser, eu não sou perfeito. A verdade é que todo ser humano nasce perfeito porque só existe a perfeição.

- Nós, seres humanos, não temos a menor idéia do que realmente somos, mas sabemos o que *não somos*. O ser humano cria uma imagem de perfeição, uma história sobre aquilo que ele deveria ser, e começa a perseguir essa falsa imagem. A imagem é uma mentira, porém investimos nela a nossa fé. Depois construímos toda uma infra-estrutura de mentiras para sustentá-la.

- A fé é uma grande força no ser humano. Se investirmos nossa fé numa mentira, para nós ela se tornará verdade. Se não acreditarmos que somos suficientemente bons, então, *seja feita a vossa vontade*, não o seremos. Se acreditarmos que iremos falhar, então falharemos, porque nossa fé encerra semelhante poder e magia.

- Como seres humanos, podemos perceber a verdade com nossos sentimentos, mas quando tentamos descrever a verdade só podemos contar uma história que distorceremos com nossa palavra. A história pode ser verdadeira para nós, mas isso não quer dizer que seja verdadeira para os outros.

- Todos os seres humanos são contadores de histórias, cada um com seu ponto de vista exclusivo. Quando entendemos esse fato já não precisamos mais impor aos demais nossa própria história, nem defender aquilo em que acreditamos. Em vez disso, viramos artistas e, como tal, temos o direito de criar nossa própria arte.

3

A MENTIRA DE NOSSA IMPERFEIÇÃO
Lembranças da infância são revividas

Lembro-me de meus tempos de criança. Eu era muito livre. Era maravilhoso ser criança. Lembro-me de que aprendi a caminhar antes de aprender a falar. Eu era como uma pequena esponja tentando aprender tudo. Também recordo meu modo de ser antes de aprender a falar.

Quando criancinha eu era totalmente autêntico. Nunca fingi ser o que não era. Minha tendência era brincar, investigar, ser feliz. Minhas emoções governavam tudo. Eu só queria fazer aquilo de que gostava, e tentava evitar aquilo de que não gostava. Toda a minha atenção estava concentrada no que eu estava sentindo, e eu percebia as emoções que saíam das outras pessoas. Se quisermos, podemos chamar a isso *instinto*, mas era uma espécie de percepção. Eu corria para algumas pessoas porque confiava nelas. Não chegava perto de outras porque me sentia incomodado. Sentia muitas emoções que não conseguia explicar, naturalmente porque não tinha palavras.

Lembro-me de acordar, ver o rosto de minha mãe e me sentir dominado pelo desejo de agarrá-la. Não sabia que esse sentimento se chamava amor. Amar era completamente natural. Sentia-me assim em relação a meus brinquedos, e também ao gato e ao cachorro. Lembro-me de ver meu pai chegando do trabalho e eu sair correndo em sua direção e saltar sobre ele com toda alegria, com um sorriso grande e bonito. Completamente autêntico. Eu podia estar nu e não me preocupar com o que as pessoas pensavam. Eu sempre era eu mesmo, fosse o que fosse, porque não tinha conhecimento. Não tinha um programa em minha cabeça. Não sabia o que eu era, e nem me preocupava em saber. Da mesma forma como um cachorro não se preocupa com o fato de ser cachorro. Mas age como cachorro. Late como cachorro. Pois bem,

A MENTIRA DE NOSSA IMPERFEIÇÃO

eu era assim. Vivia minha vida por meio de minha integridade. Antes de eu aprender a falar era assim minha verdadeira natureza.

Continuei a analisar minhas lembranças da infância e descobri que alguma coisa acontece a todos nós. O que acontece? Ora, acontece o conhecimento. Lembro-me de quando comecei a aprender as palavras. Aprendi os nomes de todos os objetos que percebia. Aprendi uma língua, o que foi ótimo. Podia, então, usar palavras para pedir o que desejasse. Meses ou talvez anos depois, minha mente amadureceu o necessário para assimilar conceitos abstratos. Com esses conceitos algo incrível aconteceu. Comecei a criar histórias como meio de qualificar tudo: o certo ou errado, o que devo ou não devo ser, o bom ou o mal, o belo ou o feio. Aprendi com meus pais não só o que eles diziam, mas o que faziam. Aprendi não só o que me diziam, mas o que diziam sobre outras pessoas. Aprendi a interagir. Copiava tudo o que via. Observava meu pai, muito poderoso, com suas opiniões firmes, e desejava ser como ele. Mal podia esperar ser adulto para ter opinião própria.

Quando finalmente entendi a língua, quase todo mundo começou a me dizer o que eu era. O modo de aprender a meu respeito era ouvir as opiniões dos contadores de histórias que

· 43 ·

me cercavam. Minha mãe criou uma imagem de mim com base no que ela acreditava que eu era. Ela me dizia o que eu era, e eu acreditava nela. Então meu pai me dizia o que eu era, e era algo completamente distinto, mas concordava com ele também. Naturalmente, cada um de meus irmãos e irmãs tenha sua opinião a meu respeito, e eu concordava com eles. Certamente sabiam mais do que eu, embora sempre tenha sido eu quem habitou neste corpo físico. Nada disso tinha lógica, mas eu estava me divertindo.

Então fui para a escola e a professora me disse o que eu era, e tudo ia bem, até que ela me disse de que jeito eu deveria ser, mas *não era*. Concordei, e aí começou o problema. Ouvia a professora dizer "Crianças, vocês precisam trabalhar muito para serem alguém, para terem sucesso na vida. O mundo está dividido entre vencedores e perdedores, e vocês estão aqui se preparando para vencer. Se vocês trabalharem bem, talvez sejam advogados, médicos e engenheiros".

A professora me contava histórias sobre todos os presidentes do passado e o que eles faziam na infância. Naturalmente, todos os heróis eram vencedores. Eu era uma criança; eu era inocente. Aprendi o conceito de *vencedor*. Concordei que deveria me tornar um vencedor, e pronto — o compromisso ficou armazenado em minha memória.

A MENTIRA DE NOSSA IMPERFEIÇÃO

Em casa, ouvi meus pais dizerem "Miguel, você tem que se comportar assim para ser um bom menino", o que significava que se eu não me comportasse daquela forma, *não seria* um bom menino. Eles não disseram isso, mas foi o que entendi. Para ser um bom menino, você precisa fazer A, B e C. Aí será premiado. E se você não for daquele jeito, será castigado. Opa! Eu sou tão pequeno; eles são tão grandes. Tentei me rebelar, mas saí perdendo. Eles venceram. Comecei a fingir que era o que *não era* para evitar o castigo, mas também para receber o prêmio. Tinha de ser o que eles determinassem que eu fosse porque o prêmio só valeria para os bons meninos. Lembro-me que tentava com muito empenho me transformar naquilo que queriam que eu fosse, só para receber o prêmio da atenção deles e ouvi-los dizer "Miguel, você é um menino muito bom!"

O que eu não percebia por trás de todas as mensagens que ouvia eram as mensagens silenciosas que nunca eram ditas, mas que eu lograva entender: *não sou do jeito que deveria ser; não é certo ser quem eu sou.* Se a mensagem é "Miguel, você precisa trabalhar muito para ser alguém", isso quer dizer que neste momento não sou ninguém. Na mente de uma criança a mensagem silenciosa que entendi foi: *eu não sou bom o suficiente.* E não é só isso – nunca serei bastante bom, pois *não sou perfeito*. Eu concordo, e naquele momento, como a maioria das pessoas, começo a buscar a perfeição.

É assim que a imagem de perfeição é introduzida em minha mente. É aí que deixo de ser eu mesmo e começo a fingir que sou o que não sou. Essa primeira mentira acontece em meu primeiro ano de escola, quase de saída. Ficar sentado naquela sala de aula e ver minha primeira professora me causa profunda impressão. A professora é uma adulta. Diga ela o que disser, só pode ser verdade, da mesma forma como deve ser verdadeiro tudo o que dizem meu pai e minha mãe. Ela é uma ótima professora que realmente gosta de crianças, e embora seja principalmente positiva a mensagem que recebo, a conseqüência é um pouco diferente. Por trás daquela mensagem há uma coisa muito sutil. Vou chamá-la *a mentira de minha perfeição*. Essa é a principal mentira sobre mim com a qual me comprometo a acreditar, e a partir daquela mentira, outras mais são inventadas para sustentá-la.

Aquele foi o momento de minha queda, quando comecei a sair do céu, quando minha fé na mentira começou a realizar sua mágica. Exatamente como um milagre, ela começa a fazer efeito a meu redor: tenho de trabalhar muito para ser bom o bastante para minha mãe, para meu

A MENTIRA DE NOSSA IMPERFEIÇÃO

pai, para meus irmãos e irmãs mais velhos, para meus professores. É avassalador, mas ainda não acabou. Ligo a televisão e ali também me dizem qual deve ser minha aparência, como devo me vestir, como devo ser, mas *não sou*. A televisão me fornece mais imagens de heróis e vilões. Vejo pessoas que se esforçam muito para serem vencedoras. Lutam pela perfeição, querendo ser alguém importante, querendo ser o que não são.

O verdadeiro drama começa quando me torno adolescente, pois agora não se trata apenas de não ser bom o bastante para outras pessoas – já não o sou nem mesmo para mim. O resultado é a auto-rejeição. Tento provar meu valor a mim mesmo trabalhando muito para tirar notas altas na escola. Esforço-me por ser o melhor nos esportes, o melhor jogador de xadrez, o melhor em tudo. A princípio faço isso para impressionar meu pai e meus irmãos mais velhos; depois, faço para impressionar a mim mesmo. A essa altura já não sou mais autêntico. Perdi minha integridade, minha autenticidade, porque já não tomo decisões com base naquilo que é bom para mim. É mais importante satisfazer o ponto de vista de outras pessoas.

Quando na escola passo do nível fundamental para o seguinte, eles me dizem: "Você já não é mais uma criancinha; não pode agir como criancinha. Agora tem de se comportar desta forma." O tempo todo me esforço por satisfazer outras pessoas, fingindo que sou o que elas querem que eu seja. Começo a procurar a opinião de todo mundo. Tenho boa aparência? O que você acha de mim? Fiz um bom trabalho? Estou procurando apoio, procurando alguém que me diga "Miguel, você é muito bom!" E se estou com alguém que me diz o quanto sou bom, este alguém pode manipular minha vida com toda a facilidade, porque preciso daquele reconhecimento. Preciso que me digam que sou inteligente, que sou maravilhoso, que sou um vencedor.

Não consigo ficar sozinho comigo mesmo. Quando estou só, eu me vejo como um perdedor, e minha autocrítica é severa. Porque não sou da forma como deveria ser segundo minha história, julgo a mim mesmo e me considero culpado. E então começo a usar tudo a meu redor como instrumento de autopunição. Tenho a tendência a me comparar com outras pessoas: "Ah, ela são melhores que eu. Bem, elas são piores." A comparação faz com que me sinta um pouco melhor, mas então eu me vejo no espelho – eca! Não me agrada o que vejo. Eu me rejeito; é claro que não me amo. Com bastante prática, começo até a acreditar naquilo que estou fingindo.

A MENTIRA DE NOSSA IMPERFEIÇÃO

Mais tarde, quando tento realmente me firmar na sociedade, eu me torno médico. Será que isso finalmente me transforma em vencedor? Não, claro que não. Existem cardiologistas, neurologistas, cirurgiões. Então me torno cirurgião, mas segundo minha própria história ainda não sou bastante bom. Tenho de mim uma imagem em que acredito quando estou sozinho, e projeto imagens diferentes para outras pessoas, dependendo daquilo que desejo que elas acreditem a meu respeito. Na tentativa de projetar minhas imagens, preciso defendê-las. Sou obrigado a me tornar muito inteligente só para cobrir todas as mentiras!

Continuo a fingir que sou todas essas imagens, e graças a anos de prática acabo virando um grande ator. Quando sofro uma desilusão amorosa, digo a mim mesmo: "Isso não dói. Eu não me importo." Estou mentindo. Estou fingindo. Quase poderia ganhar um Oscar por minha interpretação. Que personagem! Que drama! Eu poderia dizer que o drama de minha vida começou quando concordei que não sou suficientemente bom – quando ouço meus professores, minha família e a televisão me dizerem: "Miguel, você tem de ser *desta maneira*", mas eu *não sou*.

Ando em busca de apreço, de aceitação, de amor – não sabendo que se trata apenas de uma história. Estou buscando a perfeição e acho interessante ver que "não ser perfeito" se torna a maior desculpa usada pelas pessoas para justificar suas ações. Toda vez em que alguém comete um erro e precisa defender a própria imagem, diz, "ora, sou apenas humano. Não sou perfeito. Só Deus é perfeito". Isso também se torna a principal desculpa usada para cada erro que cometo. "Ora bolas, ninguém é perfeito." Excelente justificativa!

Vou à igreja e me mostram imagens de santos: "Isto é perfeição." Mas nos rostos dos santos vejo sofrimento e dor. Puxa! Para ser perfeito preciso fazer como eles? Sim, estou aqui para sofrer, e se eu sofrer com paciência, talvez quando morrer possa receber a recompensa no céu. Talvez então eu seja perfeito!

Eu costumava acreditar nisso porque ouvi essas palavras com muita freqüência. Mas é só uma história. Eu tinha em mente muitas superstições a meu respeito, a respeito de tudo. Mentiras datadas de milênios atrás ainda afetam a forma como criamos nossa própria história. O que me disseram na infância foi: "Só Deus é perfeito. Toda a Criação divina é perfeita, com exceção do homem". Ao mesmo tempo foi dito que Deus colocou os seres humanos no topo da Criação. Mas como os humanos poderiam estar no topo da Criação, quan-

A MENTIRA DE NOSSA IMPERFEIÇÃO

do tudo é perfeito, exceto os humanos? Para mim, não tinha lógica. Depois de adulto comecei a pensar na contradição. Isto não é possível. Se Deus é perfeito, bem, Deus é aquele que cria tudo. Se eu realmente creio na perfeição da Criação de Deus, então acho que ou somos todos perfeitos ou Deus também não o é.

Amo e respeito toda a Criação divina. Como poderia dizer, "Deus, você criou bilhões de pessoas e elas não são perfeitas?" Que eu diga que não sou perfeito, ou que você não é perfeito é, na minha opinião, a maior ofensa que se faz a Deus. Se deixamos de ver a perfeição, é porque nossa atenção está focalizada na mentira, naquela imagem de perfeição que nunca poderemos ser. E quantos entre nós desistem de tentar ser a imagem de perfeição, mas ao desistir deixam de agir como guerreiros? Simplesmente aceitamos a condição de fracassados, de incapazes de algum dia vencer, e lançamos a culpa em todos os fatores externos a nós. "Não consegui vencer porque ninguém me ajudou — por causa disso, ou por causa daquilo, ou por não importa o quê." Existem centenas de desculpas, mas agora a autocrítica é ainda pior que antes. Quando ainda estamos tentando chegar à perfeição, existe um julgamento, mas não tão severo quanto depois de entregarmos os pontos. Então tentamos disfarçar a frustração dizendo: "Eu estou bem; esta é

· 51 ·

A VOZ DO CONHECIMENTO

a vida que eu quero", mas nós sabemos que fracassamos, e não conseguimos esconder de nós essa crença.

É natural fracassarmos toda vez que tentamos ser o que não somos. É muito difícil ser o que não somos, *fingir* que somos o que não somos. Eu costumava fingir que era muito feliz, muito forte e muito importante. Puxa vida! É mesmo um tormento viver daquela forma. É um embuste, uma situação em que não há vitória. Nunca se consegue ser o que não se é, eis a questão principal. Só dá para ser você mesmo, e nada mais. E você *é você* neste momento, e isso não custa esforço algum.

Não há necessidade de justificar o que somos. Não há necessidade de trabalhar arduamente para nos tornarmos o que somos. Só precisamos voltar à nossa integridade, à nossa maneira de ser anterior ao aprendizado da fala. Perfeito. Na primeira infância somos autênticos: quando temos fome, só queremos comer; quando cansados, só queremos descansar. Para nós, só o tempo presente é real; não nos importa o passado nem nos preocupa o futuro. Nós gozamos a vida; queremos explorar o mundo e nos divertir. Ninguém nos ensina a ser assim – foi assim que nascemos.

Nascemos na verdade, e crescemos acreditando em mentiras. Este é todo o drama da humanidade, todo o problema dos contadores de histórias. Uma das maiores mentiras da

A MENTIRA DE NOSSA IMPERFEIÇÃO

história da humanidade é a mentira de nossa imperfeição. Essa mentira teve um grande efeito sobre minha vida. E embora eu diga aos demais que não façam suposições, sou obrigado a supor que, de uma forma ou de outra, isso acontece a todos nós. Naturalmente haverá diferenças na história, mas acho que o padrão é aproximadamente o mesmo para todos. Quase ninguém consegue escapar desse engodo.

Eu era uma criancinha perfeita. Era inocente e engoli a mentira de que *eu não sou* aquilo que deveria ser. Acreditei que tinha de trabalhar arduamente para me tornar o que eu deveria ser. Foi assim que aprendi a criar minha história; e porque depositei fé na história, ela se transformou em verdade para mim. E a história, mesmo cheia de mentiras, é perfeita. Ela é maravilhosa e bonita. A história não é certa nem errada, não é boa nem má – é apenas uma história, nada mais. Entretanto, se tivermos consciência, podemos mudá-la. Passo a passo, podemos retornar à verdade.

Temas para reflexão

- Quando criancinhas somos totalmente autênticos. Nunca fingimos ser o que não somos. Nossa tendência é brincar e investigar, é viver no presente, é

A VOZ DO CONHECIMENTO

gozar a vida. Ninguém nos ensina esse jeito de ser – já nascemos assim. É essa nossa verdadeira natureza antes de aprendermos a falar.

- Quando a mente humana amadurece o necessário para conceitos abstratos, aprendemos a qualificar tudo: certo ou errado, bom ou mal, belo ou feio. Criamos uma história sobre o que deveríamos ser, depositamos nela nossa fé e a história se converte em verdade para nós.

- Por trás de todas as mensagens que ouvimos na infância estão as mensagens silenciosas que nunca são ditas, mas que logramos entender: *não é certo ser eu. Não sou bastante bom.* No momento em que concordamos, paramos de ser nós mesmos e começamos a fingir que somos o que não somos, só para agradar aos outros, só para corresponder a uma imagem criada para nós por eles segundo a história deles.

- Você nunca pode ser o que não é. Só pode ser você, e nada mais. E você é *você* neste momento, e isso não lhe sobrecarrega.

- Nascemos na verdade, mas crescemos acreditando em mentiras. Uma das maiores mentiras da história da humanidade é a mentira de nossa imperfei-

A MENTIRA DE NOSSA IMPERFEIÇÃO

ção. É só uma história, mas acreditamos nela e a usamos para nos julgar, nos condenar, nos punir e justificar os erros que cometemos.

- Tudo é perfeito na criação divina. Se não conseguimos ver nossa perfeição é porque temos a atenção fixada em nossa história, e as mentiras que existem nela nos impedem de enxergar a verdade. No entanto, com consciência podemos mudar a história e retornar à verdade.

4

Uma noite no deserto
Encontro com o infinito

Uma outra oportunidade de perceber a verdade surgiu durante meu tempo de serviço social como clínico. Eu estava na cidadezinha de Altar Sonora, no deserto de Sonora. Era verão e o calor intenso não me deixava dormir. Decidi sair da clínica e dar uma volta pelo deserto. Era noite de lua nova, e no céu reluziam milhões de estrelas. Fiquei sozinho no meio do deserto, percebendo a imensa beleza. Vi a eternidade, o interminável, o infinito naquelas estrelas, e soube, sem a menor sombra de dúvida, que as estrelas estavam vivas.

O infinito, nossa Mãe Terra, a Criação inteira está viva. É um ser vivo único.

É claro que muitas vezes antes disso eu já havia visto aquelas estrelas, porém nunca daquela forma, daquele ponto de vista. Minha reação emocional foi avassaladora. Senti uma intensa alegria misturada à mais deliciosa paz no coração. Então aconteceu uma coisa incrível – tive a sensação de não estar sozinho no deserto. Enquanto eu estava percebendo a imensidão do infinito, o infinito estava me percebendo. Todos aqueles milhões de estrelas eram parte de um único ser vivo que conhece e percebe tudo. O universo sabia que eu existia!

Foi então que aconteceu uma coisa ainda mais extraordinária. Minha percepção mudou, e por um momento fui a imensidão estrelada percebendo o infinito em meu corpo físico. Vi a mim mesmo no meio do deserto – extremamente pequeno. Vi que meu corpo físico se compunha de bilhões de minúsculas estrelas, que eu sabia que eram átomos, e eles eram tão vastos quanto todas as estrelas no céu.

Naquela noite eu soube que o infinito dentro de meu corpo físico é apenas uma continuação do infinito que me cerca por todos os lados. Sou parte daquele infinito, como também o é qualquer objeto que eu perceba. Não há diferença entre nenhum de nós, ou entre nós e qualquer objeto. Somos um só, porque tudo é feito de luz. A luz se expressa por bilhões de formas diferentes para criar um universo material. Mais que isso, eu sabia que existe apenas uma força que move e transforma tudo. A força que move as estrelas é aquela que move os átomos de meu corpo. Chamo-a de *vida* e a luz é a mensageira ou portadora da *vida* porque está o tempo todo enviando informação para tudo que existe.

Foi incrível entender que a luz está viva. A luz é um ser vivo que contém toda a sabedoria do universo e ocupa o espaço inteiro. Não há espaços vazios entre as estrelas, exatamente como não há espaço vazio entre os átomos de meu corpo. O espaço entre as estrelas está cheio de luz; ele só parece vazio quando não há um objeto que a reflita. Qualquer objeto que enviarmos ao espaço refletirrá a luz, porque toda matéria a reflete, exatamente como um espelho.

Então procurei no bolso um espelhinho que sempre levo comigo no exercício da medicina. Nele consegui ver uma cópia exata de toda a Criação, uma realidade virtual feita de luz. Naquele momento, eu soube que meus olhos eram exatamente como um par de espelhos. A luz projeta uma realidade virtual dentro do meu cérebro, exatamente como projeta uma realidade virtual dentro do espelho. Ficou óbvio que tudo que percebo é uma realidade virtual feita por imagens de luz. A única diferença entre um espelho e meus olhos é que por trás deles existe um cérebro. E com ele tenho a capacidade de analisar, interpretar e descrever a realidade virtual que percebo a cada momento.

Estou co-criando com Deus, com a vida. Deus cria o que é real, e eu crio a realidade virtual dentro de minha mente. Por intermédio da luz a vida envia a meus olhos todo tipo de informação, e componho uma história sobre o que percebo. A história é como qualifico, justifico e explico o que percebo. Se vejo uma árvore, não apenas *vejo* a árvore – eu qualifico, descrevo e formo opinião sobre a árvore. Gosto dela ou não. Talvez eu sinta que a árvore é bonita, ou não, mas meu ponto de vista, minha opinião sobre a árvore é uma história de minha própria criação. Desde que eu interprete, qualifique ou julgue o que percebo, isto já não é real; é um mundo virtual. É isso que os toltecas chamam *sonhar*.

Agora tudo começava a adquirir sentido em minha mente. Enfim, entendia o que minha mãe e meu avô tentaram me ensinar durante tanto tempo sobre a antiga filosofia dos toltecas. Eles acreditam que os seres humanos

UMA NOITE NO DESERTO

vivem num sonho. O sonho é um mundo de ilusão composto de imagens de luz, e a mente sonha quando o cérebro está dormindo ou acordado.

Então lembrei-me de que a palavra *tolteca* significa "artista do espírito". Na tradição tolteca cada ser humano é um artista, e a suprema arte é a expressão da beleza de nosso espírito. Se entendermos esse ponto de vista, veremos o quanto é maravilhoso nos chamarmos de artistas, em vez de humanos. Quando pensamos em nós mesmos como humanos, limitamos a forma de nos expressarmos nessa vida. Ouvimos dizer "sou apenas humano; não sou perfeito". Mas se nos consideramos artistas, já não temos qualquer limitação; somos criadores, exatamente como Aquele que nos criou.

Os toltecas acreditam que a força da vida operando por nosso intermédio é o que realmente cria a arte, e que todo indivíduo é um instrumento dessa força. Cada manifestação do artista supremo se transforma, ela mesma, num artista que manifesta a arte por intermédio de suas próprias manifestações. A arte está viva, e tem percepção de si mesma porque vem da vida. A Criação é ininterrupta, infinda e acontece a cada momento, em toda parte.

Como vivemos nossa vida? Esta é nossa arte, a arte de viver. Com nosso poder de criação, expressamos a

• 61 •

força da vida em tudo o que dizemos, tudo o que sentimos, tudo o que fazemos. Mas há dois tipos de artistas: os que criam a própria história sem consciência e os que recuperaram a consciência e criam sua história com verdade e amor.

Agora mesmo você está sonhando sua vida. Você percebe não só seu próprio sonho, mas também o sonho do artista supremo refletido em tudo o que você percebe. Você reage e tenta encontrar sentido naquilo que percebe. Tenta explicá-lo de sua própria forma, dependendo do conhecimento armazenado na memória de sua mente. A meu ver, isto é maravilhoso. Você vive na história que está criando, e vive na história que crio. Sua história é sua realidade – uma realidade virtual que só é verdadeira para você, aquele que a cria.

Há muito tempo alguém disse, "Cada cabeça é um mundo", e é verdade. Você vive em seu próprio mundo, e ele é extremamente pessoal. Ninguém sabe o que você tem em seu mundo. Só você sabe, e em determinadas ocasiões, nem mesmo você sabe. Seu mundo é sua criação, e é uma obra-prima da arte.

Aquela noite no deserto de Sonora mudou o modo como eu percebia a mim mesmo e a humanidade, o modo como percebia o mundo inteiro. Num momento

UMA NOITE NO DESERTO

de inspiração enxerguei o infinito, a força da vida em ação. Aquela força está sempre presente e óbvia para que todos vejam, mas eu não podia vê-la com minha atenção concentrada nas mentiras. O que meu avô tentara me dizer era verdade: "Só a perfeição existe." Levei muito tempo para colocá-lo em palavras, é claro, mas quando vivenciei tal verdade finalmente entendi o que ele quis dizer. Percebi que sou perfeito porque sou inseparável do infinito, da força vital que cria as estrelas e todo o universo de luz. Eu sou a Criação de Deus. Não preciso ser o que *não sou*.

Este foi meu encontro com o amor, que era o que eu sentia antes de ter negado amor a mim. Recobrei minha autenticidade, condição em que eu vivia antes de aprender qualquer mentira. Naquele momento de inspiração tudo adquiriu sentido para mim sem que houvesse nenhum pensamento. Foi pura percepção. Estava percebendo com meus sentimentos, e se tivesse tentado usar palavras para explicar o que sentia, a experiência teria cessado.

Creio que todos temos momentos de inspiração, nos quais percebemos a verdade. Esses momentos normalmente acontecem quando a mente está em silêncio – quando percebemos a força da vida por meio dos

A VOZ DO CONHECIMENTO

sentimentos. Naturalmente as vozes que trazemos na mente, às quais chamamos *pensamento*, invalidarão quase de imediato nossa experiência. Essas vozes tentarão justificar e negar o que sentimos. Por quê? Porque quando somos testemunhas da verdade todas as mentiras em que acreditamos não conseguem sobreviver. Os humanos têm medo da verdade, e quando nos declaramos com medo quem está falando é o mentiroso. Sim, porque as mentiras que falam por meio daquela voz não podem sobreviver à verdade, e elas não querem morrer.

Eis aí por que se precisa de tanta coragem para enfrentar as próprias mentiras, para enfrentar aquilo em que acreditamos. A estrutura de nosso conhecimento nos traz a sensação de segurança. Mas temos necessidade de *saber*, mesmo que não seja verdade. E se aquilo em que acreditamos sobre nós já não vale, não nos sentimos seguros, porque não conhecemos outro jeito de ser. Ao descobrirmos que já não somos o que acreditávamos ser, os alicerces de nossa realidade inteira começam a desmoronar. A história inteira perde seu significado, o que é muito apavorante.

Naquela noite, no deserto, não senti medo. Mas quando me recuperei, tive medo porque, embora nada mais importasse em minha história, eu ainda precisava funcionar no mundo. Depois descobri que poderia reescrever a história de minha vida. Consegui recuperar a estrutura daquilo em que acreditava e reconstruí-la sem todas as mentiras. Então minha vida prosseguiu como antes, mas as mentiras já não a governavam mais.

Temas para reflexão

- A luz é um ser vivo que contém toda a sabedoria do universo e preenche todos os espaços. Como suprema mensageira de Deus, está constantemente enviando informação para tudo na existência, e se expressa por bilhões de formas distintas.

- A vida, a força de transformação que cria e transforma as estrelas, é a mesma força que cria e transforma os átomos de nossos corpos físicos. Essa força está sempre presente e manifesta, para que todos vejam, porém não conseguimos vê-la quando nossa atenção está concentrada em mentiras.

- Cada ser humano é parte do infinito, como é também todo e qualquer objeto que percebemos. Não há diferença entre nós e os outros, ou entre nós e qualquer objeto. Somos todos um só, porque tudo é feito de luz.

- A vida cria o que é real, e os seres humanos criam uma realidade virtual – uma história sobre o que é real. Percebemos imagens de *luz* e interpretamos, qualificamos e julgamos o que percebemos. O reflexo incessante no espelho de nossas mentes é aquilo que os toltecas chamam *sonhar*.

- Deus, o supremo artista, usa nossa vida para a criação da arte. Somos os instrumentos por meio dos quais a força da vida se expressa.

- A arte de sonhar é a arte de viver. Tudo o que dizemos e fazemos é uma expressão da força da vida. A criação é incessante. Ela não tem fim. A Criação está acontecendo neste exato momento.

5

O CONTADOR DE HISTÓRIAS
Analisando os personagens da história

AQUELA NOITE NO DESERTO É O QUE CHAMO DE MEU *retorno ao bom senso*. Vivia uma história de minha própria criação durante minha vida inteira sem mesmo percebê-lo. De posse dessa percepção, comecei a questionar tudo em minha história. Seria verdade que sou aquilo que creio ser? Seria verdade o que acredito sobre todos os demais? Revi a história de minha vida, e não gostei de todo o drama que criava. Eu queria me reinventar.

O primeiro passo foi remover de minha história tudo o que sentia não ser verdadeiro, e descobrir o que era.

A VOZ DO CONHECIMENTO

Descobri que é verdade aquilo a que chamo *estrutura* do sonho, pois foi criada por nosso criador, e é a mesma para todos. Também é verdadeiro nosso acordo quanto a nomear os objetos da estrutura, porque assim descrevemos nossa realidade virtual. A letra *A* é um *A* porque assim declaramos e concordamos. A palavra *cão* descreve o tipo de animal que concordamos em chamar de *cão*.

Usado assim, o conhecimento é só uma ferramenta de comunicação. Mas é mentira quase tudo o que é abstrato: o que é certo ou errado, o que é bom ou mal, o que é belo ou feio. Descobri que mais de noventa por cento dos conceitos que tinha armazenado na mente se baseavam em mentiras, principalmente os conceitos que tenho a meu respeito: posso fazer isso; não posso fazer aquilo. Sou desse jeito; jamais serei daquele outro. O problema não reside realmente no conhecimento mas naquilo que contamina o conhecimento – a mentira. Percebi que havia muita insensatez na forma como aprendemos a escrever nossas histórias. Como isso aconteceu?

Antes de meu nascimento neste corpo físico, já havia aqui uma sociedade inteira de contadores de histórias. A história estava em pleno curso, e a partir da história deles aprendi como criar a minha. Os contadores de histórias

O CONTADOR DE HISTÓRIAS

que chegaram aqui antes de nós nos ensinam a sermos humanos. Em primeiro lugar nos dizem o que somos – menino ou menina – e depois nos dizem quem somos, e quem devemos ser ou não ser. Ensinam-nos como ser mulher ou como ser homem. Dizem-nos como ser uma mulher *bem-comportada*, uma mulher *decente*, um homem *forte*, um homem *valente*. Dão-nos um nome, uma identidade, e nos dizem o papel que estamos interpretando na história deles. Eles nos preparam para viver na selva humana, para competir entre nós, para controlar uns aos outros, para impor nossa vontade, para lutar contra nossa própria espécie.

Naturalmente, acreditei no que me disseram os contadores de histórias. Por que deixaria de acreditar? Eles me encheram de conhecimento, que usei para lhes copiar o estilo e criar minha arte, à semelhança deles. Ouvi meus irmãos mais velhos partilharem com meu pai suas opiniões sólidas. Tentei falar e eles imediatamente mandaram que me calasse – esqueça, você não tem voz. Conforme revelei antes, eu mal podia esperar a hora de ter opinião própria, não importava qual fosse; eu só queria impor minha opinião, e defendê-la com o mesmo fanatismo.

Na infância, testemunhamos a forma como os outros se relacionam entre si, e para nós isso se transforma em comportamento normal. Vemos irmãos e irmãs mais velhos, tias e tios, pais e vizinhos em relações românticas. Eles sofrem, mas acreditam que estão amando. Nós os vemos brigar, e mal conseguimos esperar crescer para fazer a mesma coisa. Quando somos crianças a impressão é: "Puxa, isso parece divertido!" Todo a drama sofrido nas relações que travamos se deve ao fato de ainda inocentes termos testemunhado tantas mentiras e tê-las usado para formar nossa própria história.

Continuando a estudar a história de minha vida descobri que nela tudo se referia a mim. Claro, era assim que deveria ser, porque sou o centro de minha percepção e a história é narrada sob o meu ponto de vista. E o principal personagem que vive em minha história se baseou em alguém que realmente existe – isso é verdade. Mas o que acredito sobre mim não é verdade – é uma história. Criei o personagem "Miguel", e ele é só uma imagem, cujo fundamento foi aquilo com que me comprometi a crer a meu próprio respeito. Projeto minha imagem para outras pessoas na sociedade, e elas percebem essa projeção, modificam-na e reagem a mim segundo suas histórias.

Então descobri que, como a história é minha, crio uma imagem para cada personagem secundário que nela vive. Tais personagens se baseiam em pessoas que real-

O CONTADOR DE HISTÓRIAS

mente existem, mas tudo em que acredito sobre elas é uma história de minha própria criação. Crio o personagem de minha mãe, o de meu pai, o de cada um de meus irmãos e irmãs, de meus amigos, da pessoa amada, e até de meu cachorro e de meu gato. Encontro alguém e o qualifico. Com base em todo o conhecimento que trago na mente emito juízos sobre esse indivíduo. É assim que guardo a imagem dele na memória.

Em minha história você é um personagem secundário de minha criação, com o qual interajo. Você projeta o que deseja que eu acredite a seu respeito, e modifico isso em função daquilo em que acredito. Agora tenho certeza de que você é aquilo que acredito que seja. Posso até dizer, "eu conheço você", quando a verdade é que não lhe conheço de jeito nenhum. Só conheço a história que criei sobre você. E demorei um tempo até entender que só conheço a história que criei sobre mim mesmo.

Durante anos achei que me conhecia, até descobrir que essa não era a verdade. Eu sabia o que acreditava a meu próprio respeito. E então descobri que não sou aquilo que acreditava ser! E foi muito interessante, além de assustador, descobrir que de fato não conheço ninguém, e ninguém tampouco me conhece.

· 71 ·

A VOZ DO CONHECIMENTO

A verdade é que só sabemos o que *sabemos*, e tudo o que realmente sabemos é nossa história. Mas quantas vezes você ouve as pessoas dizerem: "Conheço meus filhos muito bem; jamais fariam uma coisa dessas!" Você acha que realmente conhece seus filhos? Acha que realmente conhece seu parceiro? Pois bem, você talvez tenha razão quanto a seu parceiro não lhe conhecer! Pode ter certeza de que ninguém lhe conhece de fato; mas você realmente se conhece? Realmente conhece alguém?

Sempre acreditei que conhecia minha mãe, mas tudo o que sei sobre ela é o papel que lhe entrego para representar em minha história. Tenho uma imagem para o personagem que interpreta o papel de minha mãe. Tudo o que sei sobre ela é aquilo em que acredito a seu respeito. Não tenho a menor idéia do que ela é no plano mental. Só minha mãe sabe o que ela é, e com certeza tampouco sabe.

O mesmo se aplica a você. Sua mãe pode jurar que lhe conhece muito bem. Mas será verdade? Acho que não. Você sabe que ela não tem a menor idéia do que você guarda na mente. Ela só sabe o que acredita a seu respeito, o que quer dizer que não sabe quase nada. Você é um personagem secundário na história dela, e interpreta o papel de filho ou de filha. Sua mãe cria uma imagem de

O CONTADOR DE HISTÓRIAS

você e deseja que você se enquadre na imagem que criou. Se não for aquilo que ela quer que seja, adivinha o que acontece? Ela se sente magoada por você, e tenta lhe fazer se ajustar à imagem que ela tem. É por isso que tem necessidade de lhe controlar, de lhe dizer o que fazer e o que não fazer, de lhe expressar todas as opiniões que tem sobre a forma como você deveria viver sua vida.

Se você sabe que isso é apenas a história dela, por que se incomodar em defender seu ponto de vista? Não importa o que você diga; de toda forma ela não lhe dará crédito. Como ela poderia acreditar em sua história quando esta não parte do ponto de vista dela? O máximo que você pode fazer é mudar de assunto, curtir a presença dela e amá-la do jeito que é. Quando você tiver essa consciência, perdoará sua mãe por qualquer coisa que lhe tenha feito, segundo sua história, é claro. E pelo simples perdão, seu relacionamento com ela mudará por completo.

Depois de descobrir que as pessoas estão criando e vivendo em suas próprias histórias, como poderia continuar a julgá-las? Como poderia levar alguma coisa para o lado pessoal, quando sei que sou apenas um personagem secundário na história delas? Sei que quando as pessoas falam comigo estão realmente falando com personagens

· 73 ·

A VOZ DO CONHECIMENTO

secundários das histórias delas. E o que disserem a meu respeito não passa de uma projeção da *imagem* que têm de mim. Não tem nada a ver comigo. Não desperdiço meu tempo levando nada para o lado pessoal. Concentro minha atenção na criação de minha própria história.

Cada qual tem o direito de criar sua própria história de vida, de se expressar por meio de sua arte. Mas quantas vezes tentamos fazer os personagens secundários de nossas histórias corresponderem às imagens e papéis que criamos para eles? Queremos que nossos filhos sejam do jeito que desejamos. Pois bem, aí vai uma má notícia: isso nunca vai acontecer. E quando o parceiro não se enquadra na imagem que criamos dele, ficamos feridos ou magoados. Daí tentamos controlá-lo; precisamos dizer a ele o que fazer, o que não fazer, em que acreditar, em que não acreditar. Chegamos a lhe dizer como caminhar, como se vestir, como falar. Fazemos a mesma coisa com nossos filhos, e tudo se converte numa guerra pelo controle.

A vida neste corpo físico é muito curta, mesmo para quem chega aos 100 anos de idade. Quando descobri isso, resolvi não perder meu tempo em criar conflito, principalmente com as pessoas que amo. Quero desfrutar a presença delas, e o faço ao amá-las pelo que são, e

O CONTADOR DE HISTÓRIAS

não por aquilo em que acreditam. A história que criam não é importante. A mim nada importa se a história de minha mãe não condiz com a minha; amo minha mãe e gosto da presença dela. Sei o modo de não impor minha história a ela; não imponho minha história a ninguém. Respeito a história dela, que escuto e não distorço.

Se outras pessoas tentarem escrever sua história, isso significa que não lhe respeitam. Não lhe respeitam porque consideram que você não é um bom artista, que é incapaz de escrever sua própria história, embora tenha nascido para escrever sua própria história. O respeito se origina diretamente do amor; ele é uma das maiores expressões de amor.

Eu também me respeito e não permito que ninguém escreva minha história. Ela é responsabilidade minha; é a minha criação. Sou artista e respeito minha própria arte. Posso compará-la com a de outras pessoas, mas faço minhas próprias escolhas, e assumo responsabilidades por minha criação. No instante em que tive consciência de não gostar de minha história, pensei: "Tudo bem, eu sou o autor – mudarei minha história." Então tentei e fracassei. E de novo tentei e fracassei por muitas vezes, porque estava tentando mudar todos os personagens secundários de minha história. Achei que ao mudá-los eu mudaria minha história, e isso não é verdade, de jeito nenhum!

Os personagens secundários de nossa história não são o problema. O que vemos neles é apenas uma projeção daquilo em que acreditamos, e constitui um problema secundário. Nosso problema principal é o protagonista da história. Se não gostamos de nossa história, é porque não gostamos daquilo que acreditamos sobre o personagem principal. Só há uma forma de mudar nossa história: mudar aquilo que acreditamos a nosso respeito.

Este é um grande passo de conscientização. Se expurgarmos as mentiras que acreditamos sobre nós, as que cultivamos sobre os outros mudarão quase como num passe de mágica. Então mudarão os personagens secundários de nossa história, o que não quer dizer que vamos trocar uma pessoa por outra. Os personagens secundários continuam os mesmos; o que muda é nossa *crença* sobre eles. Isso mudará o que projetamos sobre eles, modificando, assim, a interação que temos com eles. Com essa transformação, também mudará a percepção deles de nós. O que mudará o personagem secundário que representamos na história deles. Exatamente como uma onda que provoca marolas na água, se mudarmos a nós tudo o mais mudará.

O CONTADOR DE HISTÓRIAS

Só você pode mudar sua história, e você faz isso alterando sua relação consigo mesmo. Cada vez que mudar o personagem principal de sua história, como num passe de mágica a história toda começará a mudar, para se adaptar ao novo personagem principal. Isso é fácil de provar porque, seja como for, o personagem principal está mudando, porém por si mesmo, sem que você tenha consciência.

A forma como você percebe o mundo aos 8 ou 9 anos de idade não é a mesma como percebe o mundo aos 15 ou 16. No começo da casa dos 20, sua percepção mudou de novo. Você vê o mundo de forma diferente quando se casa, quando tem seu primeiro filho. Você muda aquilo que acredita sobre si. Seu ponto de vista muda, seu modo de expressão muda, e suas reações mudam. Tudo muda e a mudança pode ser tão drástica que faz lembrar dois sonhos diferentes e duas pessoas diferentes.

Você também muda os personagens secundários de sua história. A forma como vê seu pai e sua mãe aos 10 anos muda quando você chega aos 20, aos 30, e aos 40, e continua a mudar. Todo santo dia você reescreve a história. Logo ao acordar pela manhã você precisa descobrir em que dia estamos. Só para manter a continuidade de sua história, de sua vida, você precisa descobrir onde está,

A VOZ DO CONHECIMENTO

e onde a história parou antes de você ir dormir. Você precisa ir para o trabalho, cumprir as atividades que planejou para aquele dia, e continua a escrever sua história, mas sem estar consciente.

Todos os elementos de sua história estão em constante mutação, inclusive a história que você narra para si sobre quem você é. Vinte anos atrás o contador de histórias lhe ditou quem você era, e você acreditou nisso. Hoje o contador de histórias está contando sobre si outra história, totalmente distinta. Naturalmente ele dirá, "Ah, isso é porque agora tenho mais experiência; agora sei mais e sou mais sábio". O que é apenas mais uma história. Sua vida toda tem sido uma história.

Se você falar sobre alguma coisa que lhe aconteceu na infância, seu pai, ou sua mãe, ou seu irmão, ou sua irmã terá uma história diferente, pelo fato de compartilharmos só a estrutura dos sonhos. Se você começar a contar a alguém um episódio ocorrido há vinte anos, pode parecer que estão falando de duas ocorrências totalmente diversas. Seu pai declara: "Foi o que aconteceu; esta é a verdade." E você dirá "Não, não foi assim, o senhor se enganou; o que realmente aconteceu foi isso". Quem tem razão e quem não tem? Pois bem, os dois têm razão, segundo a história pessoal de cada um.

· 78 ·

O CONTADOR DE HISTÓRIAS

Se uma centena de pessoas perceberem o mesmo acontecimento, você ouvirá uma centena de histórias diferentes, e cada uma dirá que a sua é a história verdadeira. Naturalmente, só é verdadeira para aquela pessoa, e sua história só é verdadeira para você. Mas em sua mente a voz do conhecimento começa a buscar tudo o que lhe faça ter razão. Você até procurará aliados externos que se juntem a você em sua cruzada para ter a razão e fazer a outra pessoa não tê-la. Para que tentar justificar aquilo em que acredita? Você não precisa tirar a razão dos outros porque já sabe que eles têm razão na história deles. Em sua história, você tem razão. Então, acabou-se a questão de ter razão ou não; você não precisa mais defender aquilo em que acredita.

Quando alcançamos esse nível de consciência, é mais fácil não levar para o lado pessoal o que as outras pessoas afirmam. Sabemos que todos os humanos à nossa volta são contadores de histórias, e que todo mundo distorce a verdade. O que compartilhamos uns com os outros é só nossa percepção; é só nosso ponto de vista. O que é completamente normal, pois é só o que temos. É como descrevemos aquilo de que somos testemunhas. Nosso ponto de vista depende de nossa programação, de tudo o que consta de nossa Árvore do Conhecimento pessoal.

· 79 ·

A VOZ DO CONHECIMENTO

Ele também depende de nosso estado psicológico e físico, e muda de um momento para outro. Muda quando estamos zangados ou perturbados, e muda novamente quando estamos contentes. Nossa percepção muda quando estamos cansados ou famintos. Nós, seres humanos, estamos constantemente modificando o que dizemos, como reagimos e o que projetamos. Chegamos a modificar o que afirmam todos os demais!

Sabe, é muito interessante a forma como criamos nossas histórias. Temos a tendência a distorcer tudo o que percebemos, para fazê-lo coincidir com aquilo em que já acreditamos; "ajeitamos as coisas" para fazê-las coincidir com nossas mentiras. É impressionante como fazemos isso. Distorcemos a imagem de cada um de nossos filhos, distorcemos a imagem de nosso parceiro, distorcemos a imagem de nossos pais. Até distorcemos a imagem de nosso cachorro ou nosso gato. Há quem venha me dizer: "Ah, aprendi tanto com o meu cachorro. Meu cachorro é quase humano. Só falta falar." E dizem isso como se realmente acreditassem! Quantos levam o cachorro ao psicólogo de animais porque o bicho está cheio de problemas? Você está vendo como distorcemos nossa história? A história se baseia na realidade porque, claro, temos uma ligação afetiva com

O CONTADOR DE HISTÓRIAS

nosso animal, mas não é verdade que ele só falte falar, ou que seja quase humano.

Quando falamos sobre nossos filhos, dizemos: "Meus filhos são o máximo. Eles fazem assim e assado." Outra pessoa que ouvisse isso poderia dizer, "Não, veja só os meus". Como artistas com estilo próprio temos o direito de distorcer nossa história, e, de todo modo, isto é o melhor que podemos fazer. Essa distorção é nosso ponto de vista, e para nós ela tem significado. Nós projetamos nossa história, e ao ver a distorção podemos, às vezes, voltar à nossa própria verdade. Então, quem diz que não é arte a distorção de nossa história? Ela é arte e é bela.

Os seres humanos são os contadores de histórias de Deus. Dentro de nós existe algo capaz de fazer uma interpretação de tudo o que percebemos. Somos como jornalistas de Deus tentando explicar tudo o que acontece a nosso redor. Está em nossa natureza inventar histórias, e é por isso que criamos línguas. É por isso que todas as religiões do mundo criam belas mitologias. Tentamos expressar o que percebemos e compartilhá-lo, e essa atividade acontece o tempo todo.

Quando acabamos de conhecer alguém, quase em seguida queremos saber desta pessoa. Fazemos todas as perguntas de praxe: "O que você faz? Onde você mora?

A VOZ DO CONHECIMENTO

Quantos filhos você tem?" Esse interrogatório vale para os dois lados. Mal podemos esperar a chance de contar ao outro nosso ponto de vista, expressar o que sentimos, compartilhar nossa própria história. Quando temos uma experiência que nos agrade, queremos contá-la a todo mundo. É por isso que falamos tanto uns com os outros. Mesmo quando estamos sós, temos a necessidade de partilhar nossa história, e a partilhamos conosco. Ao ver um lindo poente dizemos: "Puxa, que pôr-do-sol maravilhoso!" Ninguém, além de nós, está ouvindo, mas de toda forma falamos conosco.

Também temos necessidade de conhecer as histórias dos outros porque gostamos de trocar idéias, ou podemos dizer que como artistas gostamos de comparar nossa arte. Vemos um filme, gostamos dele e perguntamos ao amigo que nos acompanha: "O que você achou do filme?" Bem, talvez nosso amigo tenha um outro ponto de vista e nos diga sobre o filme algo que não vimos. Em breve mudamos nossa opinião e dizemos, "Bem, o filme não foi tão bom quanto eu pensava". Estamos constantemente trocando informações e dessa forma alterando nossa história. É assim que evolui o sonho da humanidade. Nosso sonho pessoal se mistura ao de outros sonhadores e isso modifica o sonho maior da sociedade.

O CONTADOR DE HISTÓRIAS

Você está sonhando a história de sua vida, e posso lhe garantir que isto é uma arte. Sua arte é a criar e compartilhar histórias. Se eu lhe conhecesse hoje, veria o verdadeiro você por trás de sua história. Veria-o como a força vital criando arte por seu intermédio. Sua história poderia ser o melhor roteiro cinematográfico para qualquer filme, porque todos somos contadores profissionais de histórias. Mas sei que qualquer coisa que você me diga é só uma história. Não preciso acreditar em sua história, porém posso ouvi-la e apreciá-la. Afinal, posso ir ao cinema ver *O poderoso chefão* e não acreditar na história, e mesmo assim desfrutá-la, não é?

O que estou dividindo com você é meu processo pessoal sobre como recuperei minha liberdade. Estou grato pela oportunidade de partilhar minha história, mas é apenas uma história, e só para mim é verdade. Interessante é que toda vez que compartilho esta história ela fica diferente. Procuro distorcê-la o mínimo possível, mas até a minha própria história muda. Apesar da distorção, se você conseguir entendê-la, poderá compará-la com sua própria arte.

Muitas vezes não vemos nossa própria criação; não vemos nossas próprias mentiras. Mas, por vezes, no reflexo de outra pessoa, podemos ver nossa própria magnificência. Ao vivenciar o amor de outra pessoa, podemos ver nossa grandeza. De um artista para outro, podemos ver que é possível melhorar nossa própria arte.

Depois de termos a consciência de ver nossa própria história, descobrimos que há outro modo de criar o personagem principal. Sem consciência não há nada que possamos fazer, porque a história é tão poderosa que se escreve sozinha. Criamos a história, nos lhe damos nosso poder pessoal e então ela acaba vivendo nossas vidas. Entretanto, graças à consciência, recuperamos o controle de nossa história. Eis uma boa notícia. Se não gostarmos de nossa história somos os autores e podemos mudá-la.

Temas para reflexão

- Você é o autor de uma história sem-fim que fica narrando para si. Nessa história tudo gira em torno de você, e necessariamente, já que você é o centro de sua percepção. A história está sendo contada sob seu ponto de vista.

- Você cria uma imagem para os personagens secundários de sua história, e lhes atribui um papel a in-

O CONTADOR DE HISTÓRIAS

terpretar. Tudo o que sabe dos personagens secundários é a história que vai criando sobre eles. A verdade é que você não conhece ninguém, e ninguém tampouco conhece você.

- O respeito é uma das maiores expressões de amor. Se outras pessoas tentam escrever sua história, isso quer dizer que não lhe respeitam. Elas consideram que você não é um bom artista, capacitado a escrever a própria história, muito embora você tenha nascido para fazê-lo.

- O único jeito de mudar sua história é mudar o que você acredita sobre si. Se eliminar as mentiras em que acredita sobre si, mudará as mentiras que abriga sobre todos os demais. Toda vez que você mudar o personagem principal de sua história, a história inteira mudará para se adaptar ao novo personagem principal.

- Não desperdice tempo levando as coisas para o lado pessoal. Quando os outros falam com você, na realidade estão falando com o personagem secundário de suas próprias histórias. Tudo o que dizem sobre você é só uma projeção da imagem que têm de você. Isso nada tem a ver com você.

• 85 •

- Os seres humanos são os contadores de histórias de Deus. Nossa natureza é inventar histórias, é interpretar tudo que percebemos. Se não temos consciência, entregamos nosso poder pessoal à história, e a história escreve a si mesma. Quando temos consciência, recuperamos o controle de nossa história. Constatamos que somos os autores, e se a história nos desagrada, simplesmente a modificamos.

6

A PAZ INTERIOR

Duas regras para domar a voz

Continuei a explorar, cada vez mais, toda a dinâmica da história que os seres humanos criam. Descobri que a história tem uma voz — uma voz muito alta, que, no entanto, só nós podemos ouvir. Como eu já disse, você pode chamá-la *pensamento*, se quiser; eu a chamo de *a voz do conhecimento*. Essa voz está sempre presente; ela nunca se cala. Nem sequer é real, mas a ouvimos. Naturalmente você pode dizer, "Ora, sou eu quem está falando". Mas se você é a voz que está falando, então quem está escutando? A voz do conhecimento

A VOZ DO CONHECIMENTO

também pode ser chamada *o mentiroso que vive em sua mente.* Uma linda Árvore do Conhecimento vive em sua mente, e adivinha quem mora nela? O Príncipe das Mentiras. Ah, sim, isso é um problema, porque a voz do mentiroso fala na língua em que você fala, porém sua integridade, seu espírito e a verdade não usam nenhuma língua – você apenas conhece a verdade, você a sente. A voz de seu espírito tenta se manifestar, mas a voz do mentiroso é mais forte e mais alta, e domina sua atenção praticamente o tempo todo.

Você escuta a voz – e não só uma voz, mas um *mitote* completo, que é como se mil vozes falassem ao mesmo tempo. E o que essas vozes estão dizendo?

"Olhe só para você. Quem você acha que é? Você jamais conseguirá vencer. Você não é bastante inteligente. Por que razão eu deveria tentar? Ninguém me entende! O que ele está fazendo? O que ela está fazendo? E se ele não me amar? Estou tão sozinho... Ninguém quer ficar comigo. Ninguém me ama de verdade. Eu me pergunto se essas pessoas estão falando de mim. O que será que elas pensam de mim? Veja quanta injustiça neste mundo! Como posso ser feliz quando milhões de pessoas estão morrendo de fome?"

A voz do conhecimento está lhe dizendo o que você é e o que você não é. Ela está sempre tentando encontrar

A PAZ INTERIOR

um sentido em tudo. Chamo-a de *voz do conhecimento* porque ela fica lhe dizendo tudo o que você conhece. Fica lhe ditando que ponto de vista adotar numa conversa que nunca termina. Para muita gente é ainda pior, pois a voz não fica só dizendo bobagens; ela fica julgando e criticando. Fica o tempo todo tagarelando em sua mente sobre você e as pessoas em volta.

Em geral, aquela voz está mentindo por ser a voz do que você aprendeu, e você aprendeu muitas mentiras, principalmente sobre si. Não consegue ver o mentiroso, mas consegue ouvir a voz dele. A voz do conhecimento pode vir de sua própria mente ou pode vir das pessoas em torno. Pode ser sua própria opinião ou a de outros, mas a reação emocional que você tem diante da voz lhe diz: "Estão abusando de mim."

Toda vez que nos julgamos, nos condenamos e nos punimos, é porque a voz em nossa cabeça está nos dizendo mentiras. Toda vez que temos um conflito com nosso pai, nossa mãe, nossos filhos ou a pessoa amada é porque acreditamos nessas mentiras, e eles, por sua vez, também acreditam. Mas não é só isso. Quando acreditamos em mentiras, deixamos de enxergar a verdade, e daí fazemos milhares de suposições que tomamos por verdade.

A VOZ DO CONHECIMENTO

Uma das principais suposições que fazemos é de que as mentiras em que acreditamos são a verdade! Por exemplo, achar que sabemos o que somos. Quando irritados, dizemos: "Ora, sou assim." Quando temos ciúmes: "Ora, sou assim." Quando sentimos ódio: "Ora, sou assim." Mas, será verdade? Não tenho certeza. Eu sempre achava que era eu quem estava falando, que era eu quem dizia todas aquelas coisas que não queria dizer. Foi uma grande surpresa descobrir que não era eu; era o jeito que aprendi a ser. E tanto pratiquei o jeito de ser que acabei dominando aquela encenação.

A voz que afirma: "Eu sou assim" é a voz do conhecimento. É a voz do mentiroso que vive na Árvore do Conhecimento que você traz na mente. Os toltecas consideram isto uma doença mental altamente contagiosa porque é transmitida de um ser humano a outro por meio do conhecimento. Os sintomas dessa doença são o medo, a raiva, o ódio, o ciúme, o conflito e a separação entre os humanos. Por outro lado, essas mentiras estão controlando o sonho de nossas vidas. Creio que isto é óbvio.

Meu avô tinha me dito, da maneira mais singela: "Miguel, o conflito é entre a verdade e que não é a verdade." Isso não era novidade. Há dois mil anos, um dos maiores mestres – pelo menos em minha história – declarou: "E conhecerás a verdade, e a verdade te libertará." Libertará de quê? De todas essas mentiras. Principalmente do mentiroso que vive em sua mente e conversa com você o tempo todo. E chamamos a isso *pensamento*! Eu sempre disse a meus aprendizes: "Só porque vocês estão ouvindo uma voz em sua mente, não quer dizer que ela esteja falando a verdade. Pois bem, não acreditem nessa voz e ela não terá nenhum poder sobre vocês."

Há um filme que ilustra perfeitamente meu argumento. Chama-se *Uma mente brilhante*. No princípio, pensei: "Vejam só, mais um filme de espionagem." No entanto, fiquei mais interessado ao ver que o personagem principal é um esquizofrênico. Trata-se de um homem brilhante, um gênio, mas que vê pessoas que não existem. Tais pessoas estão controlando a vida dele porque ele dá ouvidos à opinião delas e obedece tudo que lhe mandam fazer. Elas estão mentindo para ele, que, por ouvir o que lhe dizem, acaba arruinando a própria vida. Ele não sabe que essas pessoas são alucinações, até que a esposa o interna no hospital psiquiátrico, onde ele é diagnosticado e medicado como esquizofrênico. As visões desaparecem, mas os remédios têm efeitos colaterais, e ele resolve parar de tomá-los. Sem a medicação, volta a ter visões, mas descobre que na verdade ninguém mais consegue ver as pessoas que ele vê. Agora, precisa fazer uma escolha: voltar para o hospital, perder a esposa e aceitar a condição de doente mental, ou enfrentar as visões e vencê-las.

Quando ele finalmente tem consciência de que não são reais as pessoas que vê, toma uma decisão muito inteligente. Ele diz: "Não vou prestar atenção nelas. Não vou acreditar no que me dizem." Quando deixa de acreditar nas visões, elas perdem o poder sobre ele. Munido dessa consciência, ele encontra a paz e, após muitos anos sem receberem atenção, as visões quase nunca lhe falam. Ainda que ele continue a tê-las, elas não desperdiçam tempo com ele, que já não lhes dá ouvidos.

Esse filme é maravilhoso porque mostra que se você não acreditar na voz em sua mente, ela perderá o poder sobre você, que se tornará de novo autêntico. A voz em sua mente nem sequer é real, mas está governando sua vida, e é uma tirana. Depois de subjugar sua atenção, ela obriga você a fazer tudo o que ela quer.

Quantas vezes a voz lhe obrigou a dizer *sim* quando você realmente queria dizer *não*? Ou o contrário – a voz lhe obrigou a dizer *não* quando você realmente queria dizer *sim*? Quantas vezes a voz lhe obrigou a duvidar do que sente em seu coração? Quantas vezes você perdeu,

A PAZ INTERIOR

por causa do medo, a oportunidade de fazer o que realmente queria fazer em sua vida – medo ditado pela reação a acreditar na voz em sua mente? Quantas vezes você rompeu com alguém a quem realmente amava, só porque a voz do conhecimento lhe mandou agir assim? Quantas vezes você tentou controlar as pessoas que amava porque obedeceu àquela voz? Quantas vezes você sentiu raiva, ou ciúme, ou perdeu o controle e magoou as pessoas que amava, por ter acreditado naquela voz?

Você pode ver o que tem feito em obediência às instruções da voz do conhecimento – em obediência às mentiras. A voz lhe dita tantas coisas a fazer que vão contra você, exatamente como as visões do personagem daquele filme. A única diferença entre você e aquele homem é que talvez você não tenha visões, porém escuta a voz. Ela é dominante e nunca silencia, e nós fingimos ter sanidade mental!

Naturalmente, a voz do conhecimento é a história falando por conta própria. Sempre que uma idéia lhe fisgar a atenção, sua história seguirá naquela direção. Então ela levará você para qualquer lado, e para todos os lados, sem direção definida. Cada idéia se repete, e, em sua mente, tantas idéias competem por atenção que a voz fica mudando – e martelando – o tempo todo!

A VOZ DO CONHECIMENTO

Comparo a voz do conhecimento a um cavalo bravo que lhe arrasta para onde tem vontade. Você não tem controle sobre ele. Mas se não consegue fazê-lo *parar*, pelo menos pode tentar *amansá-lo*. Digo a meus aprendizes: "Depois de aprender a amansar o cavalo, você poderá cavalgá-lo, e o pensamento se transformará numa ferramenta capaz de levar você aonde quiser. Se não acreditar naquela voz, ela se emudecerá aos poucos, e vai falar com você cada vez menos, até parar de fazê-lo."

Se você tem necessidade de ficar falando a sós, por que razão, neste caso, não ser amigável? Por que não dizer a si o quanto você é linda e maravilhosa? Então, pelo menos, terá com quem conversar quando estiver só. Mas se a voz em sua mente é mesquinha e agressiva, aí acabou a graça. Se a voz está lhe dizendo mentiras, lhe dizendo as razões pelas quais você deveria se envergonhar de si, ou pelas quais a pessoa amada não lhe ama, então é melhor que ela se cale.

Se você não gosta de alguém, pode se afastar desta pessoa. Se você não gosta de si, não conseguirá fugir — onde quer que vá, você está junto. É por isso que alguns tentam se entorpecer com bebidas alcoólicas ou drogas. Ou talvez comam em excesso, ou joguem a dinheiro,

A PAZ INTERIOR

para esquecer de com quem andam. O que, evidentemente, não funciona, pois o contador de histórias julga tudo o que fazemos e isso só faz aumentar a vergonha e o desprezo próprio.

Faz muito tempo que parei de ouvir a voz do conhecimento. Lembro-me de quando, ao sair de casa, eu dizia a mim mesmo: "Olha só que nuvens lindas, que flores, hmm, que cheiro bom!" – como se eu não soubesse disso! Agora já não invento histórias para mim. Sei o que sei. Para que ficaria dizendo a mim mesmo o que já sei? Tem lógica? É só um hábito. Não perco tempo nem energia conversando comigo mesmo. Já não tenho mais na cabeça aquela voz constante, e posso lhe garantir que é sensacional.

Você não precisa de diálogo interno; você pode saber sem pensar. Há milênios se conhece o valor de cultivar uma mente silenciosa. Na Índia se usa meditação e repetição de mantras para interromper o diálogo interno. É incrível ter tranqüilidade mental. Imagine estar num ambiente no qual existe um som constante – bzzzz, bzzzz, bzzzz. Depois chega um momento em que você nem mesmo percebe o som. Sabe que alguma coisa está lhe incomodando, mas já não nota o que é. No momento em que o som se interrompe, você percebe o silêncio e sente o alívio, "Aahhh..." Quando enfim a voz em sua mente pára de falar, a sensação é comparável a isso. Chamo-a de *paz interior*.

Quando falei disso a meus aprendizes, eles entenderam de que lhes falava. Disseram: "Sabemos que a voz do conhecimento vive em nossas mentes, e que se trata de um mentiroso, mas como impedi-lo de falar conosco? Você pode nos dar alguma ajuda?" Naquela altura eu já havia suplantado a voz e estava na completa paz. Respondi: "Tudo bem, darei a vocês duas regras simples. Se seguirem essas regras, terão a chance de domar a voz ou até vencer o desafio contra o mentiroso."

A solução para domar o mentiroso é *parar de acreditar* no que ele lhe diz. O que acontece quando alguém lhe conta algo que você sabe que é mentira? Ela não lhe afeta porque você não *acredita* nela. Se você não acredita, ela não consegue sobreviver ao teste de seu ceticismo e – puf! – desaparece. É simples; mas tamanha simplicidade também encerra um grande desafio. Por quê? Porque acreditar nas próprias mentiras dá uma sensação de segurança, e acreditar nas mentiras alheias é muito tentador. Quando você quiser enfrentar o desafio, as duas regras seguintes acelerarão o processo de depuração de seu sistema de crenças, que são todos os componentes de sua Árvore do Conhecimento individual.

A PAZ INTERIOR

Regra número um: *Não acredite em si*. Porém, mantenha a mente e o coração abertos. Dê ouvidos a si, ouça sua própria história, mas não *acredite* nela, porque agora já sabe que a história que você está escrevendo é ficção. Não é real. Quando ouvir a voz em sua mente, não leve para o lado pessoal. Você sabe que em geral o conhecimento está lhe mentindo. Escute, e pergunte se ele estará ou não falando a verdade. Se não acreditar nas próprias mentiras, elas não sobreviverão, e você poderá fazer escolhas melhores, apoiando-se na verdade.

Não acredite em si, mas aprenda a ouvir, porque às vezes a voz do conhecimento pode ter uma idéia brilhante, que você poderá adotar se estiver de acordo. Talvez seja um momento de inspiração que leve a uma grande oportunidade na vida. Respeite sua história e aprenda a ouvir *de fato*. Quando passar a ouvir sua história, a comunicação que tem consigo melhorará 100%. Você verá sua história com clareza e, caso não goste dela, poderá mudá-la.

Não acredite em si principalmente quando estiver usando a voz contra si. Ela pode deixar você com medo de viver, de expressar quem você realmente é. Pode impedir você de fazer da própria vida o que realmente tem vontade. Aquela voz tem controlado sua mente por tantos anos que, não, ela não se renderá só porque você quer que ela lhe deixe em paz. Mas você poderá pelo menos desafiá-la pela descrença no que ela está lhe dizendo. Por isso digo: "Não acredite em si".

Regra número dois: *Não acredite nos outros.* E pela mesma razão isso incluirá a mim. Como sabe, se você mente para si, os outros também mentirão para si mesmos, indubitavelmente. E se eles mentem para si, com certeza também mentirão para você. Quando as pessoas falam com você, quem está falando por intermédio delas? Quem está ditando o que elas dizem? Você não pode saber se o que elas dizem está saindo do coração delas ou do Príncipe das Mentiras que vive na mente delas. Já que não sabe, não acredite nelas. Mas aprenda a ouvir sem emitir juízos. Você não precisa julgá-las por estarem mentindo. Quantas vezes você ouviu alguém dizer, "Ah, ele é um mentiroso patológico", quando na verdade todos estão possuídos pelo Príncipe das Mentiras? Há mentiras por toda parte. As pessoas estão sempre mentindo, e quando não têm consciência, nem sequer se dão conta disso. Por vezes realmente crêem ser verdadeiro o que dizem. Elas podem realmente *crer* naquilo, mas não significa que seja verdade.

A PAZ INTERIOR

Não acredite nos outros, mas isso não significa fechar sua mente ou seu coração. Ouça quando as pessoas contarem as histórias delas. Você sabe que não passa de uma história, e que só é verdade para elas. Quando você ouvir, poderá entender-lhes a história; poderá ver de onde as pessoas estão vindo, e a comunicação pode ser maravilhosa. Os outros precisam expressar suas histórias, projetar o que acreditam, mas você não é obrigado a concordar com o que dizem. *Não acredite*, mas aprenda a ouvir. Mesmo que seja só uma história, às vezes as palavras vindas de outros contadores de histórias vêm da integridade deles. Quando isso acontece, sua própria integridade reconhece o fato imediatamente, e você concorda com o que eles estão dizendo. A voz deles vai diretamente para seu espírito, e você tem a sensação de saber que aquilo que estão lhe dizendo é a verdade.

Não acredite nos outros, mas ouça, porque às vezes um momento de inspiração ou uma oportunidade pode se manifestar pela voz do outro. A forma como outros criam as histórias deles talvez reflita a forma como você cria sua própria história, e quando as histórias são expostas você talvez consiga ver até que ponto eles investiram a fé em mentiras. Talvez consiga vislumbrar de imediato as mentiras, quando em si mesmo não conseguiu fazê-lo. Por

A VOZ DO CONHECIMENTO

ouvir a história deles você talvez reconheça a verdade sobre algo que você faz o tempo todo, e essa verdade pode mudar sua própria história. Ouça as histórias deles, mas *não acredite nelas*. Este é o segredo.

Se alguém lhe disser: "Nossa, como você se veste mal!", tal comentário não estragará seu dia. Você ouve a história dele, mas não acredita nela. Você pode decidir se é verdade ou não, segundo sua própria história; no entanto, não precisa mais ter uma reação emocional. Se você achar que é verdade, poderá mudar seu jeito de vestir, e não haverá mais problema. É uma coisa simples que acontece o tempo todo. Constantemente as pessoas expressam seus pontos de vista, e podemos até lhes pedir opinião, mas *não acredite nelas!*

Quando as pessoas falam sobre você, agora você sabe que estão falando sobre um personagem secundário de suas próprias histórias, que representa você. Estão falando sobre uma imagem que criaram para você, que sabe que isto nada tem a ver com você. Se concordar, se *acreditar* no que elas dizem, então a história delas se torna uma parte de sua própria história. Se não levar a coisa para o lado pessoal, a opinião dos outros não lhe afetará como de costume, e você terá mais paciência com as pessoas. Isso lhe ajudará a evitar muitos conflitos.

A PAZ INTERIOR

Se você seguir essas duas regras – *não acredite em si, e não acredite nos outros* – todas as mentiras que vêm da voz do conhecimento não sobreviverão a seu ceticismo. Ser descrente não tem a ver com emitir juízo; não tem a ver com a postura de sermos mais inteligentes que os demais. Basta não crer e o que é verdadeiro se tornará evidente. O interessante é que, apesar de sua descrença, a verdade sobrevive. Eis a beleza da verdade: ela não precisa de que alguém acredite nela. Quer acreditemos ou não, ela continua a ser a verdade. Podemos dizer o mesmo sobre as mentiras? Não, as mentiras só existem porque acreditamos nelas. Sem nossa crença elas simplesmente desaparecem.

Quer acreditemos ou não, o sol surge no céu todos os dias. A Terra seria redonda ainda que o mundo todo acreditasse que ela é plana, mentira em que todos acreditavam, séculos atrás. Todos poderiam jurar que a Terra era plana, e tinham certeza de que ela era o centro do universo, com o sol girando a seu redor. As pessoas realmente acreditavam nisso; não tinham a menor dúvida a esse respeito. Mas a mera certeza que tinham tornava verdadeiro o fato? Não, mas a crença em tais mentiras lhes infundia segurança.

Acreditamos em muitas mentiras. Algumas tão sutis e convincentes que baseamos nelas nossa inteira realida-

A VOZ DO CONHECIMENTO

de virtual, sem nem perceber que são mentiras. As mentiras em que acreditamos a nosso respeito podem ser difíceis de enxergar porque nos parecem normais, por estarmos habituados a elas.

Por exemplo, se você acreditar na mentira corriqueira "Eu não mereço", ela viverá em sua mente porque você acredita nela. Se alguém lhe diz que você é uma excelente pessoa, você não acredita porque acredita no oposto. Sua fé já está investida numa crença que não era a verdade; é uma mentira, mas sua fé orienta suas ações. Quando você se desmerece, de que forma se expressa diante das outras pessoas? Você é tímido. Como poderia pedir algo, se não se acredita merecedor? Aquilo em que ao seu próprio respeito é o mesmo que projeta para os demais, e é o que os outros passam a acreditar sobre você. Naturalmente, irão lhe tratar de acordo com isso, o que só reforçará a crença de que você não tem méritos. E qual é a verdade? A verdade é que você tem méritos; todo mundo tem méritos.

Se você acredita na mentira de que não consegue falar em público, então, *seja feita a vossa vontade*: quando tenta falar em público, sente medo. A única forma de romper sua fé neste compromisso é tomar a iniciativa de falar em público. Então provará se tratar de uma mentira e já não sentirá medo.

A PAZ INTERIOR

Se você se acredita incapaz de ter um relacionamento amoroso, *seja feita a vossa vontade*. Se achar que não merece amor, ainda que se veja diante dele, você não o aceitará por estar cego. Você só vê o que deseja ver, e só ouve o que deseja ouvir. Tudo o que você percebe só reforçará suas mentiras.

Se você entende esses exemplos, pode imaginar quantas mentiras acredita sobre si, e quantas mentiras acredita sobre seus pais, seus filhos, seus irmãos ou seu parceiro. Cada vez que você os julga, dá voz às falsas crenças contidas em sua própria Árvore do Conhecimento. Você entrega seu poder a essas mentiras, e qual é o resultado? Sentimentos de raiva, ciúmes ou até de ódio. Você vai acumulando todo esse veneno emocional, e chega um momento em que perde o controle e diz coisas que não quer dizer.

Está percebendo o poder contido naquilo que estou partilhando com você? Pela recusa a acreditar em suas próprias mentiras você pode mudar sua vida. Pode começar pelas principais mentiras que limitam a expressão de sua felicidade e de seu amor. Se retirar a fé depositada nessas mentiras, elas perderão o poder que exercem sobre você. Então poderá recuperar sua fé e investi-la em crenças diferentes. Se parar de acreditar em mentiras, tudo mudará em sua vida, como num passe de mágica.

Na *Ilíada*, de Homero, há um trecho que realmente amo: "Nós, os deuses, viveremos pelo tempo em que os seres humanos acreditarem em nós. No dia em que os homens já não acreditarem nós, todos desapareceremos." Isto é lindo. Muitos séculos atrás os deuses gregos eram venerados por centenas de milhares; hoje eles não passam de lendas. Quando não acreditamos em mentiras, elas desaparecem e a verdade se torna evidente.

Muitas mentiras nos escravizam, mas só há uma coisa capaz de nos libertar: a verdade. Só a verdade poderá nos libertar do medo, do drama e do conflito em nossas vidas. Esta é a verdade absoluta, e não consigo expressá-la de modo mais simples.

TEMAS PARA REFLEXÃO

- O que você chama de *pensamento* é a voz do conhecimento inventando histórias, lhe dizendo o que você sabe e tentando extrair um sentido de tudo o que você não sabe. O problema é que a voz lhe obriga a fazer muitas coisas que lhe prejudicam.

A PAZ INTERIOR

- A voz em sua mente é como um cavalo bravo que lhe arrasta para onde tem vontade. Depois de domar o cavalo, você pode cavalgá-lo, e o conhecimento se transformará numa ferramenta de comunicação que lhe carregará para onde você quiser ir.

- Você não precisa do diálogo interno – pode saber tudo sem pensar. Pode perceber com os sentimentos. Para que desperdiçar energia dizendo a si mesmo o que você já sabe ou se preocupando com aquilo que não sabe? Quando, por fim, a voz em sua mente silencia, você experimenta a *paz interior*.

- A solução para domar o mentiroso em sua mente é *parar de acreditar* no que ele lhe diz. Se você seguir duas regras – *não acredite em si e não acredite nos outros* – todas as mentiras em que acredita não sobreviverão a seu ceticismo e simplesmente desaparecerão.

- A verdade sobrevive a nosso ceticismo, mas não se pode afirmar o mesmo sobre as mentiras. Estas só sobrevivem se acreditarmos nelas. A verdade continua a ser verdade, quer acreditemos nela ou não. Eis aí a beleza da verdade.

- A voz do conhecimento governa sua vida, e ela é tirânica. Se você se recusar a obedecer àquela voz, ela se calará aos poucos, até não ter mais controle sobre você. Quando a voz perde o poder sobre você, as mentiras já não governam sua vida e você recupera a autenticidade.

7

AS EMOÇÕES SÃO REAIS
A voz do conhecimento não é real

ANTES DE VOCÊ APRENDER A FALAR, SEU CÉREBRO É como um computador perfeito, só que sem programa. Ao nascer você não conhece uma língua. O cérebro leva alguns anos amadurecendo o suficiente para receber um programa. Então, o programa é introduzido em você, principalmente por intermédio dos pais, além das outras pessoas que lhe cercam. Elas prendem sua atenção e lhe ensinam o significado das palavras. Você aprende a falar e o programa entra em você aos poucos, por consentimento seu. Você assume o compromisso e agora tem o programa.

A VOZ DO CONHECIMENTO

Pois bem, se você é o computador, então o conhecimento é o programa. Tudo o que você sabe, todo o conhecimento em sua mente já estava no programa antes de você nascer. Asseguro-lhe que nenhum de nós jamais teve uma só idéia original. Cada letra, cada palavra, cada conceito de nosso sistema de crenças faz parte do programa, e o programa está contaminado por um vírus chamado *mentiras*.

Não é preciso julgar o programa bom ou ruim, certo ou errado. Mesmo que ele não nos agrade, ninguém é culpado de dividi-lo conosco. As coisas são assim, e é maravilhoso, já que usamos o programa para criar nossas histórias. Mas quem está regendo nossa vida? O programa! Ele tem uma voz e fica mentindo para nós o tempo todo.

Como poderemos saber a verdade, quando quase tudo o que aprendemos é mentira? Bem, levei algum tempo para descobrir, mas acabei descobrindo. Nossas emoções são reais. Cada emoção que sentimos é real, é verdadeira, *ela é*. Descobri que cada emoção vem diretamente de nosso espírito, de nossa integridade; ela é completamente autêntica.

Você não consegue simular aquilo que sente. Pode tentar reprimir as emoções, tentar justificar o que sente

• 108 •

AS EMOÇÕES SÃO REAIS

ou mentir sobre seus sentimentos, mas eles são autênticos. São reais e você os sente. Não há nada de errado com seus sentimentos. Não há bons sentimentos ou maus sentimentos; e não há nada de errado em sentir raiva, ciúme ou inveja. Mesmo que você esteja sentindo ódio, tudo isso vem de sua integridade. Mesmo que esteja sofrendo de tristeza ou depressão, se sente tal emoção sempre há razão para senti-la.

Descobri sobre a mente humana algo muito interessante, um fato lógico e importante de entender. Tudo o que você percebe causa uma reação emocional – *tudo*. Se você percebe a beleza, sua reação emocional é maravilhosa; você se sente muito bem. Quando está sofrendo, a reação emocional não é tão agradável. Mas você não percebe apenas o mundo exterior; percebe o mundo virtual que cria na mente. Percebe não só seus sentimentos, mas seu conhecimento – seus próprios pensamentos, juízos e crenças. Você percebe a voz em sua mente, e tem uma reação emocional àquela voz.

Agora, a questão é a seguinte: o que a voz em sua mente está lhe dizendo? Quantas vezes ela lhe disse: "Puxa, eu sou muito burro, como fui fazer isso? Pelo jeito, eu nunca aprendo!" A voz do conhecimento julga você, que percebe o julgamento e sofre uma reação emocional. Você sente vergonha; sente culpa. A emoção é verdadeira, mas o que causa a emoção, o juízo de que você é burro, não é verdade; é uma história. Por outro lado, é só uma questão de ação-reação. Qual é a ação? A ação é a percepção de seu ponto de vista, ou seja, a percepção de seu próprio julgamento. Qual é a reação? Seus sentimentos são a reação, e você reage às mentiras com veneno emocional.

Vamos ver se dá para explicar melhor. Imagine que você tem um cachorro. Como você sabe, o cachorro não passa de um cachorro, mas é um cachorro perfeito, não é? No entanto, o que acontecerá se você o agredir, se lhe der um pontapé cada vez que passar por ele? Em breve o animal terá medo. São visíveis as emoções que emanam dele. Ele fica zangado; talvez tente lhe morder ou procure fugir. Alguma coisa está errada nas emoções dele? Será que a raiva que sente o transforma num animal nocivo? Não, a reação do cachorro é puro resultado de ter sido vítima de violência. A emoção está ajudando o cachorro a se defender. Ela provém da integridade do animal.

Agora imagine um cachorro que vive num ambiente mais agradável, com gente que sempre lhe teve amor e respeito. Ele é o animal mais dócil do mundo, o cachorro mais maravilhoso. Por não ter sido vítima de violência,

AS EMOÇÕES SÃO REAIS

ele segue sua natureza – ama a todos que o amam. Ora, o corpo físico do indivíduo é exatamente como aquele cachorro. Ele reage emocionalmente da mesma forma. Por que o indivíduo reage com raiva? Bem, porque alguém o chutou, não é? Mas quem o chutou? Foi a voz na mente dele, o personagem principal da história dele – aquilo que ele *acredita* ser.

Ele também persegue uma imagem de perfeição, aquilo que acredita *não ser*, o que cria uma reação emocional. O que ele sente quando não consegue corresponder àquela imagem? A emoção não é agradável, mas a reação emocional dele é real; é aquilo que ele sente. Mas será verdade que precisa corresponder àquela imagem? Não, é mentira. O que está percebendo é só uma mentira com a qual se comprometeu em acreditar. Ele assumiu um compromisso, e aquela mentira se tornou parte de sua história.

Somos vitimizados pelo conhecimento, por aquilo que sabemos. Se cometermos um erro diante de alguém, tentaremos justificar o erro para proteger a imagem que projetamos. Mais tarde, quando sozinhos, nos lembraremos do acontecido e continuaremos a nos punir muitas vezes. Por quê? Porque a voz do conhecimento continua a nos relatar aquela ação desde o mesmo ponto de vista que adotamos ao agir. A voz se transforma num poderoso juiz, e fica repetindo: "Veja só o que você fez!" E fica dizendo a quem? Afinal, para começo de conversa, foi ela que nos obrigou a fazer aquilo!

A voz do conhecimento fica atormentando o corpo emocional. O que não é real fica atormentando o que é real. A ação é acreditar na mentira; a reação é sentir a dor emocional. O corpo emocional percebe a voz, reage a ela e, qual um tigre, parte para o ataque. Perdemos o controle e, fazemos e dizemos coisas que realmente não queríamos fazer nem dizer. Agora a voz do conhecimento tem medo de nossa reação emocional; ela julga nossa reação e nos faz sentir vergonha de nossos próprios sentimentos.

Então percebemos a emoção da vergonha, e na tentativa de justificar essa emoção usamos o conhecimento, o que quer dizer que a voz do conhecimento está falando sobre algo que sentimos. A voz começa a mentir sobre nossos sentimentos, e depois tenta negar o que sentimos. Então percebemos a voz, percebemos o julgamento e temos mais uma reação emocional. Agora nos sentimos culpados por haver reagido emocionalmente e logo o conhecimento tenta explicar o sentimento de culpa. A dor emocional vai crescendo e acabamos ficando deprimidos. Você consegue enxergar o ciclo?

AS EMOÇÕES SÃO REAIS

A voz do conhecimento inventa uma história sobre nossas emoções; ao percebermos a história tentamos reprimir as emoções. Percebendo isso a repressão cria outra reação emocional, e em breve nosso desejo é reprimir tudo o que sentimos. "Eu não devia me sentir assim. Isso é jeito de ser homem? Você é um moleirão ou o quê? Homem que é homem não chora." Nós fingimos que não está doendo. É claro que dói, mas só porque inventamos uma história, percebemos a história e arrastamos para dentro dela mais emoções.

Por que sentimos ódio? Porque alguém está nos atormentando. Por isso nós odiamos. Por que sofremos? Porque alguma coisa está nos machucando. Por isso nós sofremos. É uma reação normal quando nos machucam. Mas o que está nos machucando? Ora, a resposta é fácil. O que nos machuca é a voz do mentiroso em nossas mentes, voz que fica nos dizendo de que jeito *deveríamos* ser, mas *não somos*. O ódio, a raiva e o ciúme são reações emocionais normais surgidas do que é real, o que significa que elas partem de nossa integridade, e não daquilo que fingimos ser.

É por isso que não há nada de errado no ódio. Quando temos ódio, estamos sendo levados a odiar pela voz do conhecimento que está falando em nossa mente. O ódio

A VOZ DO CONHECIMENTO

é completamente normal; é apenas uma reação àquilo em que acreditamos. Se mudarmos de crença, o ódio então se transformará em amor. Todas as nossas emoções se alteram quando deixamos de acreditar na voz, porque as emoções são o efeito, e não a causa. A dor emocional é um sintoma de estarmos sendo submetidos à violência; a dor está nos informando que precisamos fazer alguma coisa para interromper o abuso.

Por que alguém cometeria abuso contra nós? Porque permitimos que o faça, porque segundo nosso julgamento acreditamos merecê-lo. Porém, aprofundando um pouco mais a questão, veremos que nos violentamos muito mais que qualquer outra pessoa. Podemos lançar a culpa em outras pessoas que nos feriram e dizer: "Fui criado sendo vítima de violência", e podemos encontrar muitas desculpas. Mas no momento presente, quem está abusando de você? Se você for sincero, descobrirá que na maioria das vezes o abuso vem de sua própria voz do conhecimento.

Cada vez que mentimos para nós, estamos abusando de nós. Cada vez que nos xingamos, estamos abusando de nós. Cada vez que nos julgamos, cada vez que nos rejeitamos, temos naturalmente uma reação emocional e não é nada agradável! Por outro lado, se não

AS EMOÇÕES SÃO REAIS

gostarmos da reação emocional, a solução não é reprimir o que sentimos; é eliminar as mentiras que provocam a reação emocional.

A mensagem que vem de sua integridade é clara. A voz da integridade está gritando para nós: "Socorro, me ajude!" Isso me lembra o filme *O exorcista*, sobre a garotinha que estava possuída pelos demônios. Pois bem, dentro de nós existe uma garotinha gritando: "Socorro, me ajude, estou sendo possuída pelo personagem principal de minha história!" E o pior é que é verdade! Os seres humanos estão possuídos pelo conhecimento. Estamos possuídos por uma imagem distorcida de nós mesmos, e assim já não temos liberdade. Quantas vezes você ouviu alguém dizer: "Se meu verdadeiro eu se manifestar, não sei o que vai acontecer" Temos medo de que alguma coisa dentro de nós vá surgir e destruir tudo. E quer saber de uma coisa? Isso é verdade. Se seu verdadeiro eu vier à tona, destruirá todas as mentiras, o que é *mesmo* de apavorar.

Eu costumava ser possuído pelo personagem principal de minha história. Aquele personagem abusou de mim por muitos anos, e, no entanto, eu fingia que me amava. Que grande piada! E não é só isso, eu fingia que amava outra pessoa. Como eu poderia amar outra pessoa, quando não amava a mim mesmo? Eu só posso dar aos outros o que tenho para mim.

Já me perguntaram: "Miguel, por que não consigo sentir o amor? Como posso aprender a criar amor?" Fiquei pensando no assunto. Hmm... Criar amor? Então surgiu uma pequena idéia em minha mente. Não precisamos aprender o jeito de amar. Por natureza, já amamos. Antes de aprender a falar, o amor é a principal emoção que sentimos. Expressar nosso amor é natural, mas é então que aprendemos a reprimi-lo. E então eu disse à pessoa: "Você não precisa criar amor. Seu coração foi feito para produzir tanto amor que você pode enviá-lo para o mundo todo. Se você não consegue sentir o amor é porque está resistindo a ele; é porque aprendeu a impedir a expressão de seu amor."

Quando somos criancinhas e as pessoas nos dizem que não deveríamos ser do jeito que somos, começamos a reprimir a expressão de nosso eu autêntico. Reprimir a nossa integridade, nosso próprio corpo emocional. Costumamos esconder nossas emoções e fingimos não senti-las. Quando temos vergonha das emoções, começamos a justificá-las, explicá-las e julgá-las. Acreditamos em tantas mentiras que já não expressamos o belo sentimento do amor.

• 116 •

AS EMOÇÕES SÃO REAIS

A voz do conhecimento nos diz: "Amar não é seguro. Tenho medo do amor porque ele me torna vulnerável. Se eu amar, alguém vai magoar meu coração." Quanta mentira! Não é verdadeiro, mas o conhecimento nos diz: "Claro que é verdade. Tenho muita experiência nisso. Cada vez que me apaixonei, magoaram meu coração." Pois bem, isso não é verdade, porque se você se amar, ninguém poderá magoar seu coração. Se ele foi magoado no passado, você o magoou com as mentiras nas quais acreditou sobre o amor. O amor nos fortalece; o egoísmo nos enfraquece. O amor não machuca ninguém. O que machuca é o medo, o egoísmo e o controle provenientes das mentiras em que acreditamos. Se deixar de crer em mentiras, o amor começará automaticamente a emanar de você.

Depois da experiência vivida no deserto, entendi com clareza que toda emoção que sinto vem diretamente de minha integridade. Quando percebi isso já não precisei mais reprimir as emoções. Agora elas representam a parte mais importante de minha história, porque sei que meus sentimentos são autênticos. Quando sinto uma emoção, sei que é uma reação ao que percebo. Minhas emoções estão me informando como estou levando a vida e, se obedecê-las, poderei mudar minha situação.

Seja qual for o sentimento – da alegria à raiva, do amor ao ódio – ele é só uma reação. Mas já que é uma reação, importa examinarmos a ação. Se não estou feliz, deve haver alguma coisa em minha história que está suprimindo minha felicidade. Então preciso dar um passo atrás e ver o que está causando isso. Se tenho consciência, posso enfrentar o problema, resolvê-lo e ser feliz de novo. Tão logo surge algum problema em minha vida, trato de resolvê-lo de qualquer jeito, sem nem tentar inventar uma história a respeito dele.

O universo é simples: ele envolve causa e efeito, ação e reação. Se você não gosta da forma como está vivendo sua vida, esta é uma reação ao programa que a está governando. O mentiroso, o programa, nem sequer faz parte de você, mas ao mesmo tempo ele *faz* parte de você por ser a forma como você se identifica. O programa cria a história, depois tenta encontrar uma lógica para aquela história explicando e justificando tudo para o protagonista da história. Que grande cilada! Haja criação! Os humanos criam uma cultura inteira, uma completa filosofia da humanidade. Criamos a história, a ciência, a arte, os Jogos Olímpicos, o Concurso de Miss Universo, e sabe-se lá o que mais. É nossa criação, linda e maravilhosa, mas não passa de uma *história*!

AS EMOÇÕES SÃO REAIS

O personagem principal de sua história é você, mas o papel que está interpretando não é você. Por ter passado tanto tempo praticando o papel você já dominou a interpretação. Tornou-se o melhor ator do mundo, mas posso lhe garantir que você não é aquilo que acredita ser. Graças a Deus, pois você é muito melhor do que aquilo que acredita ser.

Lembro-me de quando meu avô me disse: "Miguel, você saberá o que é liberdade quando não precisar ser você." Na ocasião não entendi, mas depois soube exatamente o que ele queria dizer. Não preciso ser do jeito que todos querem que eu seja. Não preciso ser o que acredito que *eu deveria ser* segundo minhas próprias mentiras.

Sua história é criação sua. Você é o artista através do qual a força da vida está fluindo. Se não gosta de sua arte, tem o poder de mudá-la. Esta é a boa notícia. Você já não precisa mais ser você, o que constitui a máxima liberdade. Você não precisa ser aquilo que você acredita que é. Não precisa ser aquela raiva, aquele ciúme ou aquele ódio. Pode recuperar o sentido daquilo que você que realmente é, voltar ao paraíso e viver de novo no céu existente na terra.

A VOZ DO CONHECIMENTO

Temas para reflexão

- Cada emoção que você sente é real. Ela é a verdade. Vem diretamente da integridade de seu espírito. Você não pode fingir aquilo que sente. Pode tentar justificar ou reprimir suas emoções, mentir sobre aquilo que sente; porém, o que sente é autêntico.

- A voz do conhecimento pode fazer você se envergonhar de seus sentimentos, mas neles não há nada de errado, sejam eles quais forem. Não há sentimento bom ou ruim. Mesmo que sinta raiva ou ódio, eles emanam de sua integridade. Se você os sente, sempre há motivo para senti-los.

- Tudo o que você percebe causa uma reação emocional. Você não percebe apenas seus sentimentos, mas seu conhecimento – seus próprios pensamentos, juízos e crenças. Você percebe a voz em sua mente e tem uma reação emocional a essa voz.

- Toda vez que você mente para si mesmo, se julga ou se rejeita, sofre uma reação emocional e ela não é nada agradável. Se você não gosta da reação emocional, a solução não é reprimir o que se sente, mas se livrar das mentiras que provocam tal reação.

AS EMOÇÕES SÃO REAIS

Todas as suas emoções se alteram quando você deixa de acreditar em mentiras, pois as emoções são o efeito, não a causa.

- Nossas emoções são reais; a voz do conhecimento que nos faz sofrer não é. Nosso sofrimento é verdadeiro, mas a razão pela qual sofremos talvez não seja verdadeira de jeito nenhum.

- Somos tomados pelo conhecimento, uma imagem distorcida de nós mesmos. É por isso que não temos liberdade.

- A dor emocional é um sintoma de quando estamos sendo submetidos à violência. A dor nos informa que precisamos fazer alguma coisa para interromper tal abuso. As emoções são a parte mais importante de sua história, porque lhe informam como você anda levando a vida. Se obedecer a elas você poderá mudar as circunstâncias em que vive.

8

Bom senso e fé cega
Recuperando a fé e o livre-arbítrio

Quando comecei a ensinar esta filosofia, um dos desafios que enfrentei foi compartilhar a sabedoria de minha tradição sem a superstição. Eu queria remover dela toda superstição, todos os elementos sobre mal e feitiçaria da tradição tolteca. Quem se importa com todas as mentiras? Eu queria expurgar as tolices e conservar o bom senso.

Se removermos das tradições do mundo todos os elementos de superstição e mitologia, o resultado será o puro bom senso. Em matéria de bom senso, não existe diferença entre as tradições tolteca, egípcia, cristã, budis-

A VOZ DO CONHECIMENTO

ta, islâmica ou qualquer outra, porque essas filosofias têm o mesmo lugar de origem. Todas vêm diretamente da integridade humana.

A diferença está na história. Cada filosofia tentou explicar com símbolos uma coisa que é muito difícil de colocar em palavras. Os mestres testemunharam a verdade e criaram uma história, segundo aquilo em que acreditavam. A história se transformou em mitologia, e as pessoas que não eram mestres criaram todas as superstições e mentiras. É por isso que não acredito na obediência a gurus nem na idolatria aos heróis. Somos nossos próprios gurus e heróis. O que estou partilhando com você é meu modo de viver; entretanto, não estou lhe dizendo como viver. Isto não é da minha conta. Mas a visão do meu modo de sonhar talvez forneça a você uma idéia do que poderia fazer com seu próprio sonho.

Durante a leitura deste livro você talvez tenha a sensação de estar lendo algo que já conhece — seu bom senso. Num momento, pode retornar a ele, à sua própria integridade. Pode ter clareza novamente e ver o que outros não conseguem ver. Pode viver com consciência e recuperar um maravilhoso poder a que os seres humanos renunciaram faz muito tempo: a fé.

BOM SENSO E FÉ CEGA

A fé é uma força que emana de nossa integridade. É a expressão do que realmente somos. A fé é o poder de nossa criação, porque a usamos para criar e transformar nossa história de vida. Distintas tradições deram nomes diferentes a esse poder. Os toltecas o chamam de *propósito*, mas prefiro chamá-lo de *fé*.

Vamos tentar entender por que a nossa fé tem tanta importância. Quando falamos sobre fé ou propósito, também estamos falando sobre o poder da palavra. A palavra é magia pura. É um poder vindo diretamente de Deus, e a força que dirige esse poder é a fé. Podemos afirmar que em nossa realidade virtual tudo é criado com a palavra, porque usamos a palavra para a criação de nossa história. Os seres humanos têm a mais prodigiosa imaginação. Começando pela palavra construímos uma língua. Com uma língua tentamos derivar um sentido de tudo o que experimentamos.

No começo concordamos sobre o som e o significado de cada palavra. Depois, pela mera recordação do som das palavras podemos nos comunicar com outros sonhadores acerca de nossa realidade virtual. Atribuímos nomes a tudo o que percebemos; escolhemos palavras como símbolos, e esses símbolos têm o poder de reproduzir um sonho em nossa mente. Por exemplo, ante a simples menção da palavra *cavalo,* podemos reproduzir uma imagem completa em nossa mente. É assim que funcionam os símbolos. Porém, eles podem ser ainda mais poderosos que isso. Ante a simples enunciação de três palavras – "*O poderoso chefão*" – pode surgir em nossa mente um filme inteiro. A palavra, como símbolo, tem a magia e o poder criativo, porque pode reproduzir em nossa imaginação uma imagem, um conceito ou uma situação completa.

É impressionante o que a palavra é capaz de fazer. A palavra cria imagens de objetos em nossa mente. A palavra cria conceitos complexos. A palavra evoca sentimentos. A palavra cria cada crença que armazenamos em nossa mente. E a estrutura da língua que falamos impõe uma forma à percepção que temos de nossa inteira realidade virtual.

A fé é importantíssima, pois constitui a força que dá vida a cada palavra, a cada conceito que armazenamos na mente. Podemos afirmar que a vida se manifesta por meio da fé, e que a fé é a mensageira da vida. A vida prossegue por intermédio de nossa fé, que então dá vida a tudo com que nos comprometemos em acreditar. Lembre-se, nós investimos nossa fé por intermédio de um compromisso. Quando concordamos com determinado

BOM SENSO E FÉ CEGA

conceito, nós o aceitamos sem qualquer hesitação, e ele se torna uma parte de nós. Se não concordamos com um conceito, nossa fé não está nele, e não o mantemos em nossa memória. Cada conceito só fica vivo porque depositamos nele nossa fé, só porque *acreditamos* no conceito. A fé é a força que mantém integrados todos esses símbolos, e dá sentido e direção ao sonho.

Você pode imaginar que cada crença, cada conceito, cada opinião é como um tijolo, e então nossa fé representa o cimento que mantém colados os tijolos. O recurso que usamos para começar a juntar os tijolos e mantê-los aglutinados é nossa atenção. Como seres humanos podemos perceber milhões de coisas simultaneamente, mas com nossa atenção temos o poder de discriminar e nos concentrar somente naquilo que queremos perceber. A atenção é também a parte de nossa mente que usamos para transferir informação de uma pessoa a outra. Ao atrair a atenção de alguém, criamos um canal de comunicação, através do qual podemos enviar e receber informação. É assim que ensinamos e aprendemos.

Conforme mencionei antes, nossos pais nos atraem a atenção e nos ensinam o significado das palavras; nós concordamos e aprendemos uma língua. Por intermé-

A VOZ DO CONHECIMENTO

dio da língua, da palavra, começamos a construir o edifício do conhecimento. No conjunto, todas as nossas crenças formam uma estrutura que nos informa o que acreditamos ser. A essa forma assumida por nossa mente os toltecas chamam de *a forma humana*. A forma humana não é a forma de nosso corpo físico. Ela é a estrutura de nossa Árvore do Conhecimento pessoal. Ela é tudo o que acreditamos sobre a condição humana; a estrutura de toda a nossa história. A estrutura tem quase a mesma solidez de nosso corpo físico, porque nossa fé lhe dá rigidez.

Você chama a si mesmo de ser humano, e é isso o que o transforma num ser humano. Sua fé está investida em sua história – principalmente no personagem principal dela – e nisso consiste o problema central! A parte mais poderosa de você, sua fé, está investida no mentiroso que vive em sua mente. Por meio de sua fé você dá vida a todas essas mentiras. Daí resulta seu modo de viver a vida no momento presente, porque você tem fé na principal personagem de sua história. Isso significa acreditar, sem sombra de dúvida, naquilo em que você acredita que é. O resto é simples questão de ação-reação. Cada hábito constitui uma estrutura dentro da qual interpretar o papel de seu personagem principal.

BOM SENSO E FÉ CEGA

O contador de histórias exerce poder sobre você porque você tem fé na história contada por ele. Desde que a sustente com sua fé, já não importa se ela é verdadeira ou não. Você acredita nela e, portanto, está liquidado. *Seja feita a vossa vontade*. Foi por isso que Jesus declarou que quem tiver um pouquinho de fé será capaz de mover montanhas. Somos poderosos por causa da força de nossa fé. Temos a capacidade de acreditar com fervor, porém, onde está investida nossa fé? Por que temos a sensação de que quase nos falta fé? Posso afirmar que não é verdade que tenhamos tão pouca. Nossa fé é forte e poderosa, porém ela não está livre. Ela está investida em todo o conhecimento que trazemos na mente. Está presa à estrutura de nossa Árvore do Conhecimento.

A estrutura realmente controla o sonho de nossas vidas, porque a fé que temos vive naquela estrutura. Nossa fé não está na voz de nossa história, tampouco em nossa mente racional. Só por dizermos "vou vencer" isso não quer dizer que a fé vá obedecer às palavras. Não, pode haver uma outra crença que seja mais forte e mais profunda, e que fique insistindo "Você não vai vencer". E é isso o que acontece – não importa o que façamos, não conseguimos vencer.

A VOZ DO CONHECIMENTO

É por isso que você não consegue mudar a si mesmo só pelo desejo de mudar. Não, você precisa realmente desafiar aquilo que acredita ser, principalmente as crenças que limitam a expressão de sua vida. Você precisa desafiar todas as crenças que emprega para se julgar, para se rejeitar, para se diminuir.

Lembro-me que um de meus aprendizes me perguntou: "Miguel, por que tenho tanta dificuldade em mudar minhas crenças?" E eu lhe disse: "Bem, você entende o conceito de que não é verdade aquilo que você acredita ser – é uma história. Você entende a proposta com clareza, mas não *acredita* nela. E isso faz toda a diferença. Se você acreditar de fato, se depositar nela sua fé, então você mudará."

Logo, é possível, sim, mudar aquilo em que acreditamos, recriar o sonho de nossa vida; mas primeiro precisamos libertar nossa fé. E só há uma maneira de fazê-lo, que é por intermédio da verdade. A verdade é nossa espada e a única arma que temos contra as mentiras. Nada menos que a verdade poderá libertar a fé que está presa na estrutura de nossas mentiras. Entretanto, com nossa fé investida nas mentiras, já não conseguimos enxergar a verdade. As mentiras tornam cega nossa fé, o poder de nossa criação.

· 130 ·

BOM SENSO E FÉ CEGA

A fé cega é um conceito poderoso. Quando nossa fé é cega, já não seguimos a verdade. Foi isso que aconteceu quando comemos o fruto da Árvore do Conhecimento. Acreditamos nas mentiras, nossa fé ficou cega e seguimos uma ilusão que não era verdadeira. Deus nos disse, "Vocês podem morrer". E nossa fé nas mentiras é a morte, porque perdemos nosso poder de criação, que é nossa conexão com a vida ou com Deus. Caímos na ilusão de que estamos separados da vida, e isso leva à autodestruição e à morte.

Se sua fé é cega, ela não conduz você a parte alguma. Foi por isso que Jesus disse que se o cego conduzir o cego, ambos tropeçarão. Agora você sabe por que as histórias dos outros realmente não lhe ajudam; elas são exatamente como o cego conduzindo o cego. Se você tiver a fé cega e ensinar a fé cega, você e o aprendiz tropeçarão. Se você acreditar que a vida está contra você, e ensinar que a vida está contra você, ambos estarão cegos porque você não enxerga a verdade. Agora ambos acreditam na mentira!

A fé verdadeira, ou a fé libertada é aquilo que você está sentindo neste momento. Este momento é real; você tem fé na vida, fé em si mesmo, fé sem motivo algum. Este é o poder de sua criação neste momento.

A VOZ DO CONHECIMENTO

A partir deste ponto do poder, você pode criar o que quiser, em qualquer direção.

A fé cega é uma fé sem consciência, mas quando sua fé tem consciência, a história é outra. Quando sua fé tem consciência você nunca usa o poder da fé contra si, o que significa que você é impecável com sua palavra. Quando isso acontece, sua vida inteira melhora em todos os sentidos. Por quê? Porque a impecabilidade de sua palavra vai diretamente para o personagem principal de sua história, no qual está investida a maior parte de sua fé. Ser impecável com sua palavra significa que você nunca usa a palavra contra si na criação de sua história. No próximo capítulo falaremos mais sobre a questão.

A forma de mudar aquilo em que você acredita sobre si mesmo é remover sua fé das mentiras. Essa é a chave para mudar sua história, é a missão de seus sonhos e ninguém poderá cumpri-la, exceto você. É algo entre você e sua história. Você precisa enfrentar sua própria história, e aquilo que enfrentará, naturalmente, é o personagem principal de sua história.

Comece por olhar o personagem principal como se fosse outra pessoa, e não você. Toda a história de sua vida é como um livro a seu respeito. Tome distância da história e tenha consciência de sua própria criação.

BOM SENSO E FÉ CEGA

Reveja a história de sua vida sem fazer nenhum julgamento, para não ter qualquer reação emocional. Veja sua própria história desde os tempos de criança – todo o crescimento que vivenciou, todas as relações que teve. Faça um mero inventário e perceba as imagens, se for capaz. Imagine que tudo o que você tem são os pulmões para respirar, os olhos para ver a beleza, os ouvidos para ouvir os sons da natureza. Só se trata de amor. Encare sua história de vida com seu amor, e você vivenciará a mais incrível missão com que sonhou.

A missão dos sonhos foi a que Buda cumpriu debaixo da figueira sagrada, a que Jesus cumpriu no deserto e a que Moisés cumpriu na montanha. Todas as religiões do mundo dizem a mesma coisa porque vieram de seres humanos que abriram os olhos espirituais e cuja fé já não é cega. Mas como poderão explicar a verdade aos demais? Você consegue imaginar Jesus há 2.000 anos, tentando explicar a verdade? Ele falou sobre a verdade, o perdão e o amor. Ele disse a todos: "Vocês têm de perdoar ao próximo. O amor é o único caminho." Ele nos deu a solução para curar a mente, mas, naquela ocasião, quem estava pronto? Bem, a questão é: você está pronto agora? Será que ainda queremos acreditar em nossas próprias mentiras, e sermos tão cegos a ponto de que-

· 133 ·

A VOZ DO CONHECIMENTO

rermos morrer por nossas mentiras, por nosso fanatismo, por nossos dogmas?

A fé cega, como afirmei antes, está nos levando a nos portar como fanáticos, a impor nossas crenças aos outros sem respeitar aquilo em que acreditam. Não precisamos fazer isso. Podemos respeitar o que cada um de nós acredita e saber que cada um de nós está sonhando seu próprio sonho, o qual nada tem a ver com os demais. A nós bastará ter essa consciência, e estaremos dando um grande passo em direção à cura da mente.

O desafio é recuperar o poder de sua fé e não se deixar cegar pelas mentiras. Mas se quiser enfrentar o tirano que criou, você necessita ter fé. E o problema é que a fé investida em sua criação é mil vezes mais forte que a que lhe sobrou. Portanto, onde encontrará a fé para enfrentar sua própria criação, se esta está devorando cada pedacinho dela?

Ora, se dentro de si você não consegue encontrar fé emanada daquilo em que você acredita ser, há muita fé do lado de fora, por toda parte. A questão é aprender como reunir toda a fé de que precisa para se libertar da estrutura de suas mentiras. É nesse intuito que os seres humanos realizam rituais: para reunir mais fé. Quando você vai para uma igreja e diz orações, ou ladainhas, ou

· 134 ·

BOM SENSO E FÉ CEGA

canta, ou toca os tambores, ou dança, você está reunindo poder e fé provenientes desses rituais. Isto é realmente poderoso. Quando você concentra a atenção em seu ritual, abre um canal para sua fé. Ela segue o ritual e graças à atenção depositada por você naquele canal é possível recuperá-la.

O ritual pode ajudar você a reunir fé que provém da natureza e construir fé com os demais como uma comunidade humana. Quando as pessoas se reúnem, quando elas amam, vivenciam intensa fé. E isso você está fazendo cada vez que vai à igreja, cada vez que reza. Quando você reza e celebra rituais, reúne fé que de fato não é propriedade sua, mas é fé que pode usar para recuperação de sua própria fé. E se você acreditar sem reservas naquilo que deseja realizar com uma prece ou um ritual, multiplicará o propósito visado.

Quando reza, você comunga com o espírito divino. A oração cria uma ponte que parte de você para dentro do espírito divino, colocando de lado o personagem principal de sua história. Esta é a chave, porque o personagem principal de sua história é a única coisa que se interpõe entre você e o espírito divino. Orações e rituais ajudam a silenciar os julgamentos e a calar todas as vozes que ficam falando em sua mente, a lhe dizer que não é possível certa coisa. Tanto as orações quanto os rituais proporcionam uma ação enérgica para impedir a voz do conhecimento de agredir o corpo emocional.

Todas as religiões, com sua diversidade de rituais, são maravilhosas porque oferecem ao indivíduo uma forma de reunir o poder necessário à ruptura de pelo menos alguns dos compromissos assumidos que lhe impõem restrições. Cada vez que você rompe um compromisso, a fé investida nele volta para você, que recupera um pouco mais de sua fé. É disso que trata este livro. Minha intenção é que você recupere pelo menos parte da fé investida no personagem principal de sua história. Mas se você reunir toda aquela fé e não usá-la para mudar o personagem principal de sua história, a fé não tardará a ser consumida por aquele personagem.

É por isso que você precisa retomar a sua vida, tirando-a da superstição do que você acredita ser. Só há um jeito de fazê-lo: parar de acreditar no contador de histórias, a voz do conhecimento em sua mente. Quando restaura a fé na verdade, resgatando-a das mentiras, você se torna autêntico. Seu corpo emocional volta a ser do jeito que foi quando você era criança, e você retorna a seu bom senso. Não posso dizer que inventei isso ou que descobri alguma coisa nova. Como artista só dou um novo arranjo

BOM SENSO E FÉ CEGA

ao que já existe. Tudo o que estou partilhando com você tem estado no mundo por milhares de anos, não só no México, mas no Egito, na Índia, na Grécia, em Roma. O bom senso comum existe em todos nós, porém não conseguimos vê-lo quando nossa atenção está focalizada nas mentiras em que acreditamos.

As mentiras tornam tudo complicado, ao passo que a verdade é muito simples. Acho que agora é o momento para retornar à verdade, ao bom senso, à simplicidade da vida em si. Agora sabemos que as mentiras são tão poderosas que chegam a nos cegar. A verdade é tão poderosa que quando finalmente voltamos a ela toda a nossa realidade se altera. A verdade nos traz de volta ao paraíso, onde experimentamos uma forte comunhão de amor com Deus, com a vida, com toda a criação.

Quando você liberta sua fé de mentiras, o **resultado** é que liberta sua vontade. E quando sua **vontade** está livre, você pode finalmente fazer uma escolha. A voz em sua mente lhe dá a ilusão de que você **pode** fazer escolhas, de que tem livre-arbítrio. Ora, você **realmen**te acredita que seja escolha de sua consciência **lhe** magoar, lhe fazer sofrer, lhe rejeitar ou abusar **de** você? Como poderia você afirmar que tem livre-arbítrio quando opta por magoar as pessoas amadas, **quando**

• 137 •

A VOZ DO CONHECIMENTO

faz julgamentos sobre o parceiro e os filhos, e os deixa infelizes com isso?

Imagine só que você de fato tivesse livre-arbítrio, o poder de fazer suas próprias escolhas. Você realmente escolheria sabotar sua própria felicidade ou seu próprio amor? Você escolheria se julgar, se condenar, viver sua vida com vergonha e culpa? Escolheria acreditar que você é mal, que não é bonito, que não merece ser feliz, nem ter saúde, nem prosperidade porque não o merece? Escolheria brigar constantemente com as pessoas mais amadas? Se você tivesse livre-arbítrio, escolheria o contrário. Acho que é evidente que nossa vontade *não* é livre.

Quando você coloca sua fé na verdade, em vez de colocá-la na mentira, suas escolhas são outras. Quando você tem livre-arbítrio suas escolhas partem de sua integridade, e não do programa, aquele mentiroso em sua cabeça. Agora que você acredita no que quiser acreditar, e que você tem o poder de acreditar no que quiser, acontece uma coisa muito interessante. O que você deseja é amar. Você não quer outra coisa senão amar, porque sabe que fora do amor não existe verdade!

Quando você tem livre-arbítrio, opta pela felicidade e pelo amor, pela paz e pela harmonia. Opta por brincar, por gozar a vida. Já opta pelo drama. Se no momento

• 138 •

BOM SENSO E FÉ CEGA

presente você está optando pelo drama, é porque não tem escolha – isso se converteu num hábito. É porque você foi programado para ser daquela forma, e nem sequer sabe que tem uma opção distinta. Alguma coisa em sua mente está escolhendo e é a voz do mentiroso. Exatamente como aquele homem no filme *Uma mente brilhante*, para quem as visões faziam as escolhas em lugar dele, sua voz é quem está fazendo as escolhas por você.

Porque iríamos querer conscientemente ter uma briga com nossos pais, nossos filhos ou nossos amados? Não é que tenhamos o desejo de brigar. Você sabe, quando somos crianças e nos juntamos a outras crianças é porque queremos brincar; queremos nos divertir e gozar a vida. Quando, já adultos, decidimos ter um relacionamento – talvez uma ligação romântica – será por querermos criar sofrimento psicológico e drama? Não, o bom senso nos diz que queremos brincar em companhia um do outro; queremos nos divertir juntos explorando a vida. Mas o Príncipe das Mentiras que controla a voz do conhecimento reprime nosso bom senso.

O bom senso é sabedoria, e a sabedoria é diferente do conhecimento. Quando já não age contra si você se transformou em sábio. É sábio quem vive em harmonia consigo, com sua própria família, com toda a Criação.

• 139 •

A VOZ DO CONHECIMENTO

Neste momento você tem escolha. O que vai fazer com essa informação? O que acontecerá se você não acreditar em mentiras? Reserve um momento para prestar atenção em seus sentimentos, para avaliar todas as possibilidades trazidas à sua vida se sua fé deixar de lado a cegueira. Se das mentiras você resgatar sua fé, obterá o fim do sofrimento, o fim de seus julgamentos. Já não viverá com a culpa, a vergonha, a raiva, o ciúme. Já não precisará se provar bastante bom diante de ninguém, inclusive de si próprio. Você aceitará o que você é, seja lá o que for, ainda que não saiba o que é. E já não se preocupará em saber, coisa que não terá importância – e isto é sabedoria.

Imagine só que por você não acreditar em mentiras, sua vida inteira se transforma. Você vive a vida sem tentar controlar todo mundo a seu redor e sua integridade não permite que ninguém lhe controle. Você já não julga outras pessoas, nem precisa se queixar do que elas fazem, porque você sabe que não pode controlar as ações dos demais. Imagine que você optou por perdoar quem lhe magoou nesta vida, porque já não deseja carregar no coração todo aquele veneno emocional. E só por perdoar a todos, inclusive a si, você cura sua mente, cura seu coração e já não sofre dor emocional.

BOM SENSO E FÉ CEGA

Imagine que você recupera o poder de fazer suas próprias escolhas, porque já não acredita no contador de histórias. Você goza sua vida com plenitude, paz interior amor. Se você deixar de acreditar em mentiras imagine como tratará seu parceiro, seus filhos, o que ensinará à nova geração. Imagine a mudança na humanidade inteira, resultante de um fator tão simples: não acreditar em mentiras.

TEMAS PARA REFLEXÃO

- O mundo é pura magia. É um poder que vem diretamente de Deus, e a fé é a força que dirige aquele poder. Tudo em nossa realidade virtual é criado com a palavra; usamos a palavra para a criação de nossa história, para derivar sentido de tudo o que vivenciamos.

- A fé é a força que dá vida a cada palavra, a cada crença que abrigamos em nossas mentes. Se concordarmos em relação a um conceito, nossa fé estará nele, e nós o manteremos em nossa memória. A fé é o cimento que mantém coesas nossas crenças e dá sentido e direção ao sonho.

A VOZ DO CONHECIMENTO

- A atenção é aquela parte da mente que usamos para transferir informação de pessoa a pessoa. Ao atrairmos a atenção de alguém, criamos um canal de comunicação, por meio do qual podemos enviar e receber informação.

- A estrutura de nosso conhecimento controla o sonho da vida que levamos porque nossa fé vive naquela estrutura. Nossa fé não está na voz de nossa história, e tampouco em nossa mente racional. Ela está aprisionada na estrutura de nosso conhecimento, e somente a verdade pode libertá-la.

- A fé verdadeira, ou fé libertada, é o que você está sentindo neste momento. Este momento é real; você tem fé na vida, fé em si, fé sem motivo algum. Este é o poder de sua criação no momento. A partir deste ponto de poder, você pode criar tudo o que desejar criar, em qualquer direção.

- A fé cega não nos leva a parte alguma, porque ela não obedece à verdade. Com as mentiras que cegam nossa fé caímos na ilusão de que estamos separados de Deus, e perdemos nosso poder de criação.

BOM SENSO E FÉ CEGA

- Quando livramos das mentiras a nossa fé, recobramos o livre-arbítrio e fazemos nossas próprias escolhas. Recuperarmos o poder de acreditar no que quisermos. E com o poder de acreditar no que quisermos, tudo o que queremos é amar.

9

Transformar o contador de histórias

Os Quatro Compromissos como ferramentas favoritas

Você viu como criar uma realidade virtual, o sonho de sua vida, e sabe que sua vida é uma história. Agora, com esta consciência, a questão é: você está satisfeito com sua história? É importante entender que você pode ser o que quiser, já que você é o artista, e sua vida é criação sua. É sua história. É sua comédia ou sua tragédia, e de uma forma ou de outra a história fica mudando, então por que não usar a consciência para conduzir a mudança?

A VOZ DO CONHECIMENTO

Agora que você é um artista com consciência, poderá avaliar se gosta de sua arte e melhorá-la. A prática faz o mestre. Mas é a ação que faz a diferença. Quando descobri isso, a ação que empreendi foi assumir responsabilidade por minha arte e purificar meu programa. Na qualidade de artista comecei a investigar as possibilidades – cada ação e cada reação. E, a propósito, esta é a nossa verdadeira natureza: investigar. Mas investigar o quê? A vida! O que mais poderíamos investigar?

Mudar a própria história de vida é o que os toltecas chamam de o *domínio da transformação*. Envolve a transformação do próprio indivíduo, o contador de histórias, o sonhador. A vida muda muito depressa, e você se percebe em constante transformação, mas só tem domínio sobre ela quando deixa de resistir à mudança. Em vez de resistir, você tira partido da mudança, e se alegra com ela. Dominar a transformação é viver o tempo todo no momento presente. A vida é um eterno *agora*, pois a força da vida está criando tudo neste exato momento, e transformando tudo neste exato momento.

Como você mudará sua história? Bem, agora você sabe que a está criando de acordo com as crenças que tem sobre si. A forma de transformar o que você acredita sobre si é desaprender o que já aprendeu. Quando você de-

TRANSFORMAR O CONTADOR DE HISTÓRIAS

saprende, recupera sua fé, amplia seu poder pessoal e pode investir sua fé em novas crenças.

Se quiser saber a verdade, se está disposto a retirar sua fé das mentiras, então, lembre-se: *não acredite em si e não acredite nos outros.* Isso lhe dará clareza sobre muitas coisas. Mas você talvez precise de um pouco de apoio para deixar de acreditar nas mentiras e romper com todos os compromissos que lhe prejudicam. Os Quatro Compromissos oferecem o apoio necessário. Eles se destinam exatamente a você, o personagem principal de sua história. Esses compromissos simples podem conduzir você pelo caminho inteiro até alcançar sua integridade: *Seja impecável com sua palavra. Não leve nada para o lado pessoal. Não tire conclusões. Dê sempre o melhor de si.*

Muitas ferramentas podem lhe ser úteis para mudar sua história, mas os Quatro Compromissos são minhas ferramentas de transformação favoritas. Por quê? Porque têm o poder de ajudar você a desaprender as diversas maneiras que aprendeu de usar a palavra em detrimento de si mesmo. Com a mera adoção desses compromissos você desafia todas as opiniões que não passam de superstições e mentiras. *Seja impecável com sua palavra* porque você usa a palavra para criar sua história. *Não leve nada*

A VOZ DO CONHECIMENTO

para o lado pessoal porque você vive em sua própria história e as outras pessoas vivem nas histórias delas. *Não tire conclusões* porque na maioria das vezes elas não correspondem à verdade; elas são ficção, e quando o contador de histórias inventa histórias – especialmente sobre outros contadores de histórias – isso cria muita dramaticidade. *Dê sempre o melhor de si* porque isso evita que a voz do conhecimento julgue você, e ao empreender ação você evita que a voz lhe fale.

O contador de histórias, o mentiroso em sua mente, lhe faz usar sua própria palavra contra si. Ele induz você a levar tudo para o lado pessoal, tira muitas conclusões e impede você de dar o melhor de si. O primeiro compromisso, *seja impecável com sua palavra*, é o supremo compromisso porque ajuda você a reconhecer todas as mentiras que governam sua vida. Ser impecável é usar o poder de sua palavra na direção da verdade e do amor. Já os três compromissos restantes são mais um apoio ao primeiro compromisso – eles são a prática que faz o mestre – porém o objetivo é o primeiro compromisso. Pela prática dos Quatro Compromissos você chega a um momento em que vivencia a verdade e sua reação emocional é incrível.

TRANSFORMAR O CONTADOR DE HISTÓRIAS

Escrevi um livro sobre os Quatro Compromissos* e tentei mantê-los com a máxima simplicidade possível. O livro talvez lhe traga a sensação de já saber sobre os compromissos. E isso é verdade, porque os compromissos se originam do verdadeiro você, e o verdadeiro você é também e exatamente o verdadeiro eu. Seu espírito está lhe dizendo a mesma coisa, e é questão de puro bom senso. O livro é uma mensagem de amor. É como um portão aberto que lhe levará pelo caminho até o verdadeiro você, que, no entanto, é exatamente quem precisa fazer o percurso. Você precisa ter a coragem de aplicar as ferramentas para se encontrar e recriar sua própria história à sua maneira. Você pode transformar sua história inteira mediante a simples prática dos Quatro Compromissos. Vamos examinar de perto cada um deles.

O primeiro compromisso, *seja impecável com sua palavra*, significa que na criação de sua história você nunca usa contra si o poder da palavra. *Impecável* significa "sem pecado". Qualquer coisa que induza você a agir contra si é um pecado. Quando você acredita em mentiras, está usando contra si o poder da palavra. Quando acredita que nin-

---

*Os quatro compromissos. Rio de Janeiro: Best*Seller*, 2005.

guém lhe quer bem, que ninguém lhe entende, que você nunca vencerá, está usando a palavra contra si.

Neste mundo, muitas filosofias tiveram conhecimento do fato de que as mentiras são uma distorção da palavra, e algumas tradições chamam de *perversidade* essa distorção. Prefiro dizer que estamos usando a palavra contra nós, porque quando nos julgamos e nos consideramos culpados não chamamos a isso *perversidade*. Quando nos rejeitamos e nos tratamos pior do que a nossos animais de estimação não chamamos a isso *perversidade*. Quando você é impecável, nunca fala contra si, não tem crenças que lhe sejam prejudiciais e não ajuda outros a agirem contra você. Ser impecável significa que você não usa contra si seu próprio conhecimento, e não permite que a voz em sua mente cometa abuso contra você. Talvez agora o primeiro compromisso, *seja impecável com sua palavra*, faça um pouco mais de sentido.

Lembre-se, a palavra é seu poder porque você a emprega para a criação de seu mundo virtual. Você usa a palavra para criar o principal personagem de sua história. Cada opinião pessoal, cada crença se expressa em palavras: "Eu sou inteligente, eu sou burro. Eu sou lindo, eu sou feio." Isto é poderoso. Mas sua palavra é ainda mais poderosa, porque ela também representa você na intera-

TRANSFORMAR O CONTADOR DE HISTÓRIAS

ção com outros sonhadores. Cada vez que você fala, seu pensamento se transforma em som, seu pensamento se transforma na palavra, e agora pode entrar nas mentes dos outros. Se as mentes deles são férteis para aquele tipo de semente, eles a devoram e agora o pensamento também vive dentro deles.

O mundo é uma força que você não pode ver; mas você pode ver a manifestação da força, a expressão da palavra, que é sua própria vida. Você mede como usa a palavra pela sua reação emocional. Como saber quando está usando a palavra de forma impecável? Bem, quando você está feliz. Quando se sente bem consigo mesmo. Quando sente amor. Como saber quando está usando a palavra contra si? Ora, quando você está sofrendo por causa da inveja, da raiva, da tristeza. Qualquer tipo de sofrimento é resultado do mau uso da palavra; é resultado da crença em conhecimento contaminado por mentiras. Se limpar a palavra, você recupera a impecabilidade dela e nunca se trai. Assumir o compromisso de ser impecável com sua palavra é o quanto basta para voltar ao paraíso que os humanos perderam. É o quanto basta para levar você de volta à verdade e para transformar sua história inteira. Seja impecável com sua palavra. É muito simples.

A VOZ DO CONHECIMENTO

O segundo compromisso, *não leve nada para o lado pessoal*, lhe ajuda a desfazer as numerosas mentiras com as quais concordou em acreditar. Quando você leva as coisas para o lado pessoal, reage e sente mágoa, e isso cria um veneno emocional. Então você deseja vingança, deseja uma desforra, e usa a palavra contra os outros. Agora você sabe que, seja lá o que for que alguém projete em você, é apenas como Picasso dizendo: "Isto é você." Sabe que é apenas o contador de histórias daquela pessoa, simplesmente contando uma história a você. Não levar nada para o lado pessoal lhe traz imunidade ao veneno emocional em todas as relações. Você já não perderá o controle ao reagir por ter recebido uma ferida emocional. Isto lhe dá clareza, o que coloca você um passo adiante de outras pessoas incapazes de ver suas próprias histórias.

O segundo compromisso orienta você a demolir centenas de pequenas mentiras, até atingir o núcleo de todas as mentiras em sua vida. Quando isto acontece a estrutura completa do conhecimento desmorona, e você tem uma segunda chance de criar uma nova história, a seu estilo. A isso os toltecas chamam *perder a forma humana*. Quando você perde a forma humana, tem a oportunidade de escolher aquilo em que acreditar, segundo sua integridade. Na infância, você usou a

TRANSFORMAR O CONTADOR DE HISTÓRIAS

atenção para criar o primeiro sonho de sua vida. Você nunca teve oportunidade de escolher no que acreditar; tudo com o que você se comprometeu em acreditar lhe foi imposto. Agora tem uma oportunidade que não teve quando era criança – você pode usar sua atenção, pela segunda vez, para fundamentar sua história na verdade, em vez de baseá-la na mentira. Os toltecas chamam a isso *o sonho da segunda atenção*. Eu o chamo a *sua segunda história* porque continua a ser um sonho, ainda é uma história! Mas agora a escolha é sua.

Quando você perde a forma humana, sua vontade fica livre novamente. Você recupera o poder da fé e não há limite para o que pode fazer com ela. Você pode recriar sua vida em grande estilo, se assim desejar. Mas o objetivo não é salvar o mundo. Não, a única missão que você tem na vida é fazer feliz a si mesmo. A questão é muito simples. E a única forma de se fazer feliz é criar uma história que lhe faça feliz. Qualquer um de nós está sujeito a que lhe aconteça qualquer coisa. Você não pode controlar o que está acontecendo a seu redor, mas pode controlar a forma como conta a história. Você pode narrar a história como um grande melodrama, e ficar triste e deprimido com tudo o que lhe acontece, ou pode narrar a história sem todo esse drama.

A VOZ DO CONHECIMENTO

O terceiro compromisso, *não tire conclusões*, é um verdadeiro salvo-conduto para a liberdade pessoal. O que acontece quando tiramos conclusões? O contador de histórias está inventando uma história, acreditamos nela e não conseguimos fazer as perguntas que poderiam lançar alguma luz sobre a verdade. A maior parte de nosso sonho se apóia em pressupostos, e estes criam um mundo inteiro de ilusão, no qual acreditamos, apesar de não ser absolutamente verdadeiro. Fazer suposições e depois levá-las para o lado pessoal é o começo de uma situação infernal neste mundo. Os seres humanos criam muitos problemas porque fazem suposições e acreditam que estas sejam verdadeiras! Nisso se baseiam quase todos os nossos conflitos.

Ter consciência é ver o que é verdade, ver tudo tal qual é, e não como desejamos que seja, para justificar aquilo em que já acreditamos. O domínio da consciência é a primeira maestria dos toltecas, mas também podemos chamá-la o domínio. Primeiro você precisa ter consciência de que a voz em sua mente está sempre lhe contando a história. Você está sonhando o tempo todo. De fato, você percebe, mas a forma como o contador de histórias justifica, explica e faz suposições sobre aquilo que você percebe não é verdade – é apenas uma história.

TRANSFORMAR O CONTADOR DE HISTÓRIAS

Em seguida, você precisa ter a consciência de que a voz do contador de histórias em sua mente não é necessariamente sua. Todos os conceitos em sua mente têm uma voz que deseja se expressar. É o sonho. É apenas uma história que procura atrair sua atenção e justificar a própria existência. A outra parte de você, a parte que está escutando, aquele que está sonhando o sonho é vitimado pelo abuso.

Por fim, você precisa praticar a consciência até adquirir domínio sobre ela. Quando domina a consciência como um hábito, você passa a ver sempre a vida como ela é, e não como deseja vê-la. Você pára de tentar colocar as coisas em palavras, de explicar tudo a si mesmo, o que lhe impede de sair tirando conclusões. Só usa a palavra para se comunicar com os outros, sabendo que aquilo que está comunicando não passa de um ponto de vista fundamentado no que você acredita. E aquilo em que você acredita é só um programa; nada além de idéias que são, na maioria, mentiras. É por isso que você precisa ouvir e fazer perguntas. Com uma comunicação clara, receberá das pessoas todas as informações de que necessita, e já não precisará tirar conclusões.

O quarto compromisso é *sempre dê o melhor de si.* Quando você dá o melhor de si, não deixa que a voz do conhecimento julgue você. Se a voz não julga você, não há necessidade de sentir culpa ou de se punir. Ao dar o melhor de si, você será produtivo, o que significa que agirá. Dar o melhor de si envolve agir e fazer o que se ama, pois a ação nos traz felicidade. Você está fazendo porque quer fazer, e não por ser forçado a tal.

Os melhores momentos de sua vida são aqueles em que você é autêntico, em que está sendo você mesmo. Quando está em sua criação, está fazendo o que ama, torna-se de novo aquilo que realmente é. Não está pensando naquele momento – você o está expressando. Quando você dá o melhor de si em sua criação, a mente pára. Você está vivo de novo. Suas emoções vão brotando e você nem percebe o quanto se sente bem. A simples ação lhe faz sentir bem-estar. Quando você está inativo, sua mente precisa entrar em ação, o que representa um convite aberto à voz do conhecimento para que fale com você. Mas quando você é absorvido pelo que está fazendo, a mente quase não fala.

Quando você está criando, a voz do conhecimento não está presente, mesmo que em sua arte você esteja usando palavras. Se você está escrevendo um poema, não está pensando sobre as palavras que usará para escrevê-lo; está simplesmente expressando suas emoções. As pa-

TRANSFORMAR O CONTADOR DE HISTÓRIAS

lavras são um instrumento; são o código que você usa para se expressar. Se você é um músico que está tocando, não há diferença entre você e a música. No exato instante em que está criando a música, é você quem está desfrutando cada nota, cada som. Você se torna um só com o que está fazendo, o que é um prazer supremo. Qualquer músico sabe do que estou falando. Você está expressando aquilo que você realmente é, o que constitui a melhor coisa que pode acontecer a alguém. Somente por meio de sua expressão você atinge o êxtase, porque está criando. Isto é a vida como uma arte.

Dar o melhor de si envolve confiar em si e confiar na Criação, a força da vida. Você estabelece uma meta e se lança nela integralmente, sem nenhum apego a sua obtenção. Você não sabe se conseguirá atingir a meta, e tampouco se preocupa. Você se empenha na meta e alcançá-la é maravilhoso. E se não a alcançar, será também maravilhoso. Seja como for, você está completo, porque o amor em movimento é uma coisa maravilhosa. Empreender ação é uma expressão de si mesmo, é a expressão do espírito e sua criação.

Incentivo você a assumir a responsabilidade de cada decisão tomada em sua vida. Nenhuma decisão é certa ou errada; o que importa é a ação posterior à escolha feita.

· 157 ·

A VOZ DO CONHECIMENTO

Tudo na vida é só uma escolha. Você controla o sonho por meio de escolhas. Cada escolha tem uma conseqüência, e um mestre dos sonhos está consciente das conseqüências. Também podemos dizer que para cada ação experimentamos uma reação. Se seu conhecimento é a ação, e suas emoções são a reação, então você pode ver a importância de estar consciente da voz do conhecimento.

A voz do conhecimento está sempre sabotando a felicidade do indivíduo. Nos momentos mais felizes de sua vida você está brincando, está agindo como uma criança. Mas a voz penetra em sua mente e diz: "Isto é bom demais para ser verdade. Vamos botar o pé no chão e voltar à realidade." E a realidade de que a voz do conhecimento está falando se relaciona ao sofrimento.

A vida pode ser maravilhosa. Se você se ama, se procura dar o máximo de si, isso em breve se transforma em hábito. Quando você cria o hábito de dar o máximo de si, tudo se conjuga para sempre lhe deixar feliz, exatamente como nos tempos de criancinha. Mas primeiro você precisa silenciar o diálogo interno. Este é um dos maiores milagres que qualquer ser humano pode vivenciar. Se você conseguir impedir a voz de falar com você, então estará quase livre de ser alvo do abuso de todas as mentiras.

TRANSFORMAR O CONTADOR DE HISTÓRIAS

Já me perguntaram se incentivo o uso de um mantra para eliminar o diálogo interno. Bem, incentivo você a usar qualquer truque de que disponha para interromper o falatório. Não há receita. Você pode explorar uma infinidade de maneiras até descobrir a mais apropriada. Para alguns, um mantra pode ser a solução milagrosa. Para outros, a meditação, a contemplação ou a música podem ser a operação de um milagre. Para outros ainda, o milagre poderia ser caminhar ao ar livre ou viver cercado de beleza natural. Poderia ser dançar, fazer ioga, corrida, natação ou qualquer exercício físico. Você decide.

Quando eu era adolescente, meu avô me disse: "A música é a solução para interromper a voz em minha mente. Substitua a voz pela música, porque esta você não pode explicar. Como poderia explicar a Quinta Sinfonia de Beethoven? Você pode usar as opiniões que tem dela, mas não pode explicá-la. Você precisa tocá-la."

Entendi o que meu avô dizia, porém eu não gostava de música. Meu avô gostava de música clássica, portanto, recusei completamente aquele método. Retruquei: "Não concordo. Música é um tédio." É claro que, de toda forma, eu ouvia música, mas a música de que gostava era a dos Beatles. Bem, as letras eram escritas em

A VOZ DO CONHECIMENTO

inglês, e na época eu só falava espanhol. Eu sabia cada palavra das canções, mas as palavras não tinham significado para mim. Se naquelas canções havia algum sentimento dramático, eu não o percebia como tal; eu o percebia como beleza.

E em meu caso, realmente dava certo ouvir os Beatles, pois as vozes funcionavam exatamente como um instrumento a mais, e a música ocupava o espaço da voz do conhecimento. Em certos momentos a voz estava presente, mas em outros não havia voz. Eu gostava tanto da música que em minha cabeça só havia música, quando eu não estava colocando a atenção em qualquer outra coisa. Comecei a fazer isso sem consciência porque mesmo tendo ouvido o que disse meu avô, eu tinha formado a suposição de que ele estava falando sobre música clássica! Ora, a música pode ser tambores, trombetas ou qualquer tipo de instrumento, desde que não haja palavras em língua que você conheça, palavras que possam lhe prender a atenção. O problema é quando a música tem palavras de significado claro para você, o que lhe permite pensar nelas.

Há muitas formas de silenciar a mente, e basta colocá-las em prática; mas, do meu ponto de vista, a melhor forma é usar os Quatro Compromissos. Eles têm o poder

TRANSFORMAR O CONTADOR DE HISTÓRIAS

de eliminar milhares de pequenos compromissos que agem contra você, porém não são tão simples quanto pode parecer. Muita gente diz: "Entendo os Quatro Compromissos, e eles estão mudando minha vida, mas depois de certa altura não consigo continuar o avanço." Se você não consegue avançar naquele momento é porque está enfrentando uma crença forte. E a fé investida naquela crença é mais forte do que a fé de que você dispõe para mudá-la. Por isso é importante que a recuperação de sua fé seja praticada por intermédio de pequenas crenças, após as quais você poderá enfrentar as crenças maiores.

Cada vez que você pratica os Quatro Compromissos, o significado deles se aprofunda um pouco mais. Quando lê o livro *Os quatro compromissos* pela segunda vez, ou pela terceira, em certo momento a sensação é de estar lendo um outro livro. A sensação se deve ao fato de você já ter rompido muitos pequenos compromissos. Agora você pode ir um pouco mais fundo, e depois um pouco mais, até chegar ao momento em que terá aberto seus olhos espirituais. Quando finalmente você se transforma, sua vida se torna uma obra-prima do sonho, uma expressão de seu corpo emocional, exatamente como ela foi antes do conhecimento.

A VOZ DO CONHECIMENTO

TEMAS PARA REFLEXÃO

- O jeito de transformar o que você acredita sobre si é desaprender o que já aprendeu. Quando você desaprende, sua fé volta a você; seu poder pessoal aumenta e lhe permite investir sua fé em novas crenças.

- Os Quatro Compromissos têm o poder de ajudar você a desaprender as numerosas formas que aprendeu de usar a palavra contra si. Ao aplicar esses compromissos, você desafia todas as opiniões que não passam de superstição e mentira: *Seja impecável com sua palavra. Não leve nada para o lado pessoal. Não tire conclusões. Sempre dê o melhor de si.*

- Quando o edifício do conhecimento desmorona, você tem uma segunda chance de criar uma história de acordo com sua integridade. Você pode usar a atenção pela segunda vez para criar uma história baseada na verdade, em vez de fundamentá-la na mentira. No *sonho da segunda atenção* você recobra o poder de sua fé, recupera seu livre-arbítrio e não há limites para o que você pode fazer com isso.

- Quando você é absorvido pelo que está fazendo, a mente quase não fala. Você está expressando o que

· 162 ·

realmente é, e a simples ação torna isso maravilhoso. Quando não há ação, sua mente tem necessidade de agir, o que redunda num convite aberto à voz do conhecimento para que fale com você.

- Os melhores momentos da vida são aqueles em que você é autêntico, em que está sendo você mesmo. Quando você está em sua criação, fazendo o que mais lhe agrada, converte-se outra vez naquilo que de fato é. Você não fica pensando no momento – você o está expressando. Suas emoções se extravasam e você se sente o máximo.

- Cada vez que você pratica os Quatro Compromissos assimila o significado deles mais profundamente, até o momento em que abre seus olhos espirituais. Então, a vida se torna uma expressão do seu corpo emocional, volta à condição anterior ao conhecimento.

10

ESCREVER NOSSA HISTÓRIA COM AMOR

A vida como um romance sem-fim

QUAL A MELHOR MANEIRA DE ESCREVER A HISTÓRIA de sua vida? Só há uma – com amor. O amor é a matéria-prima que uso para escrever a história, porque vem diretamente de minha integridade, vem daquilo que realmente sou. Amo o personagem principal de minha história e gosto de cada um dos secundários. Não tenho medo de lhe dizer: "Eu amo você." Sua mente talvez diga: "Como você pode me amar se nem sequer me conhece?" Não preciso conhecer você e nem preciso

A VOZ DO CONHECIMENTO

justificar meu amor. Amo você porque este é meu prazer. O amor que sai de mim me traz felicidade, e se você me rejeita não importa, porque eu não me rejeito. Em minha história vivo um romance permanente, e tudo para mim é lindo.

Viver em amor é estar vivo outra vez. É retornar à própria integridade, voltar ao que éramos antes do conhecimento. Quando você recupera sua integridade, sempre segue o amor. Passa a viver a vida como um eterno romance, pois quando você se ama é fácil amar as outras pessoas. Você se sente tão bem apenas por estar consigo que quando se reúne aos outros é pelo desejo de dividir com eles sua felicidade. Você se ama tanto que não precisa do amor de ninguém para lhe fazer feliz. Mas isso não significa você que não aceite amor. É claro que aceita amor. Se você aceita uma boa comida, um bom vinho, uma boa música, por que não aceitaria um bom amor?

Se você é capaz de se ver como um artista, e consegue ver que sua vida é a sua própria criação, por que não criar para si a mais linda história? A história é sua, e é questão de preferência. Você pode escrever uma história com base no amor e no romance, mas aquele amor tem que começar com você. Sugiro que comece consigo uma relação inteiramente nova. Você pode ter a mais

ESCREVER NOSSA HISTÓRIA COM AMOR

estupenda relação amorosa e romântica, e tudo graças à mudança de seus compromissos.

Um compromisso que você pode assumir é o de se tratar com respeito. Introduza o compromisso do respeito próprio e declare àquela voz em sua mente: "É hora de nos respeitarmos um ao outro." Ali terminarão muitos dos julgamentos, e também a maior parte da rejeição a si próprio. E então você poderá permitir que a voz fale, mas o diálogo será muito melhor. Você terá ótimas idéias, excelentes diálogos mentais, e quando expressá-los aos demais, estes adorarão o que você está dizendo. Você sorrirá e se divertirá até mesmo quando estiver sozinho.

Você pode ver a importância da relação consigo mesmo. Quando você tem conflitos consigo, quando você não gosta de si, ou pior, quando você se odeia, o diálogo interno se contamina de veneno, e você fala consigo dessa forma. Quando você se ama, mesmo quando a voz do conhecimento está em sua mente, ela lhe trata com gentileza. Quando você se ama, quando se trata com gentileza, mantém uma boa relação consigo. Então, verá melhora em qualquer relação que tenha, mas ela sempre começa em você.

Como podemos esperar ser gentis no trato com os outros, se não somos gentis conosco? Temos a necessidade

A VOZ DO CONHECIMENTO

de expressar o que sentimos, e expressamos nossas emoções por meio da voz. Se não nos sentimos bem, se estamos cheios de veneno emocional, precisamos extravasar. É por isso que temos a necessidade de xingar, para extravasar todas as emoções que estão presas em nossa mente. Quando sentimos raiva ou ciúmes que precisam vir à tona, nossas palavras carregarão essas emoções. Se a voz do conhecimento está abusando de nós, então ela tratará da mesma forma os demais. Quando estamos nos divertindo conosco, isto é o que projetamos externamente.

O primeiro passo em direção à melhoria do relacionamento consigo mesmo é se aceitar exatamente como se é. Você não precisa aprender *como* se amar. Você precisa desaprender todas as razões pelas quais se rejeita, e por natureza você se amará. O que você ama não é a *imagem* que projeta ou seu próprio jeito de ser – você se ama por causa *daquilo* que você é. Então, começa a gostar de si, até chegar a se amar tanto que dá a si mesmo tudo de que necessita. Você deixa de se colocar em último lugar. Quanto mais você gosta de sua própria presença, mais gosta de sua vida; e mais gosta da presença de todos os outros a seu redor.

Quando você ama, você reverencia a vida e tem respeito por ela. Quando vive sua vida com amor, integri-

ESCREVER NOSSA HISTÓRIA COM AMOR

dade e respeito, a história que cria é um romance permanente. Amar a vida significa apreciar cada manifestação dela, e não exige esforço. É tão fácil quanto inspirar e expirar. A respiração é a maior necessidade do corpo humano, e o ar é a maior dádiva. Tamanha pode ser sua gratidão pelo ar que respira, que o simples ato de respirar seja bastante para amar. Como poderá demonstrar gratidão pela dádiva do ar? Por ter prazer em cada respiração. Quando você se concentra nesse prazer, pode transformar em hábito o prazer de respirar, e pode desfrutar esse prazer no mínimo 17 ou 18 vezes por minuto. A simples respiração é o quanto basta para se estar sempre feliz, para se estar sempre amando.

Mas esta é só uma das direções que o amor pode tomar. Cada atividade de nossa vida pode se transformar num ritual de amor. Temos a necessidade do alimento, e podemos fazer em relação a ele o mesmo que fazemos com o ar. O alimento também é amor, e quando saboreamos a comida, realmente a degustando e lhe sentindo a textura, esta é uma das experiências mais sensuais que podemos ter. Há muito amor no ato de comer, e se a cada vez que comermos usarmos um novo mantra, aumentaremos o prazer. O mantra é apenas um som: "Mmmm." Se toda vez que comermos

· 169 ·

A VOZ DO CONHECIMENTO

praticarmos o amor ao alimento, isso em breve se tornará um hábito, um ritual que usaremos para render graças, para expressar nosso amor, e para receber amor sem resistência.

Outra forma de expressar nosso amor pode ser a comunicação. Cada vez que contamos a alguém nossa história, ou escutamos a história de alguém, podemos praticar dividir nosso amor com tal pessoa. Uma das tarefas que eu costumava dar a meus aprendizes era encontrar, no prazo de uma semana, pelo menos mil formas distintas de dizer "Eu te amo". Quando você pratica todas essas formas distintas de dizer eu te amo, seu coração se abre completamente para ouvir a Criação inteira lhe dizer: "Eu te amo." E você não precisa justificar nem explicar esse amor. Você apenas recebe e dá amor, sem sequer tentar entender ou inventar uma história sobre ele.

Quando você tem a coragem de abrir seu coração completamente ao amor, o milagre acontece. Você começa a perceber em tudo o reflexo de seu amor. Então, os atos de comer, caminhar, falar, cantar, dançar, tomar banho, trabalhar, brincar – tudo o que você faz se transforma num ritual de amor. Quando isso acontece, você já não está pensando: está sentindo e desfrutando a vida.

· 170 ·

ESCREVER NOSSA HISTÓRIA COM AMOR

Você encontra prazer em qualquer atividade que faça, porque adora fazê-la. O simples fato de viver é maravilhoso, e você sente uma intensa felicidade.

Sempre me perguntam: "Miguel, você está feliz o tempo todo? Nunca fica mal-humorado?" Bem, ficar mal-humorado é inteiramente normal. Por vezes fico assim, quando não durmo o suficiente. Se numa noite eu só tiver dormido duas horas, não me sentirei bem ao acordar; vou me sentir irritado! Mas aquela irritação não se dirige a ninguém. Por que eu deveria ser grosseiro com alguém só porque me sinto mal e meu corpo está me dizendo que ele precisa de mais tempo de sono? Se naquele momento não puder satisfazê-lo, tratarei de encerrar o que estiver fazendo, e então levarei meu corpo a uma cama, para deixar que ele durma.

Tenho o direito de sentir mau humor, porém isso não significa sair magoando meus amados, meus filhos, meus amigos ou o pessoal que trabalha para mim. Quando somos egoístas e estamos mal-humorados, então acreditamos que ninguém perto de nós tem direito de estar contente. Nesse caso, dizemos: "Por que você está rindo, se estou me sentindo tão mal?" Tal atitude não passa de egoísmo, e somos egoístas com os outros porque somos egoístas conosco.

Tudo que sentimos em relação a nós, projetamos nos outros. O modo como nos tratamos é o modo como tratamos os demais.

Escrever sua história com amor é muito fácil. Se sua verdadeira natureza é o amor, por que tornar difícil e complicada a tarefa? Ao não ser aquilo que é, você resiste ao amor e tem medo de amar, porque acredita em uma das maiores mentiras, ou seja: "o amor faz sofrer". Como afirmei antes, o amor não faz sofrer. O amor nos dá prazer. Mas você pode até usar o amor para se magoar. Alguém pode realmente amar você, que não aprecia aquele amor porque está ouvindo suas próprias mentiras. Você pode dizer: "O que essa pessoa quer de mim? Ela quer se aproveitar de mim." Quem sabe o que o contador de histórias lhe dirá?

Se você não percebe o amor, se não consegue reconhecê-lo, é porque só reconhece o veneno dentro de si. Sou responsável por aquilo que digo, mas não sou responsável pelo que você entende. Posso lhe dar meu amor, mas você pode interpretar o fato como sinal de que está sendo alvo de julgamento, ou sabe-se lá o quê. Só quem sabe é seu contador de histórias. Quem deixa de acreditar em suas próprias histórias, acha muito fácil gostar dos outros.

ESCREVER NOSSA HISTÓRIA COM AMOR

Os seres humanos são feitos para o amor. Antes do conhecimento, era fácil abrir nossos corações e amar, e saíamos de perto do que não fosse amor. Mas com a voz do conhecimento em nossas mentes, nós nos afastamos do amor e saímos em busca do que não é amor. Sempre podemos escolher, e quem se ama escolhe o amor. Não se permite ser magoado pelas opiniões ou pelo abuso de outros. Se alguém abusa de nós, só o faz porque ficamos por perto, porque permitimos que isso aconteça. E se ficamos por perto, é porque acreditamos merecer o abuso, ou porque o estamos usando para nos punir. Se não temos consciência, procuramos alguém em quem lançar a culpa, coisa que nada soluciona. A solução é se afastar e não ficar por perto.

Como se pode acreditar em alguém que diz: "Eu te amo" e depois ameaça você com desrespeito e violência emocional? Como alguém pode dizer "Eu te amo" quando deseja controlar sua vida, quer lhe ditar o que fazer, o que tem de acreditar? Como alguém pode alegar que ama você e depois lhe oferecer sentimentos mesquinhos, ciúme e inveja?

Como podemos dizer "Eu te amo" a alguém, e então enviar à pessoa amada todas as nossas opiniões contrárias e tentar fazê-la sofrer? Preciso te falar de teus defeitos porque "eu te amo". Preciso te julgar, condenar e punir porque "eu te amo". Preciso constantemente tirar tua razão e te convencer de tua incompetência porque "eu te amo". E porque você me ama, tem de aturar minha raiva, meus ciúmes e toda a minha burrice.

Você considera isso amor? Pois não é. Isso não passa de egoísmo, e nós o chamamos amor. Dizemos que "o amor machuca", mas estamos nos machucando com nossas próprias mentiras. Todas as dificuldades das relações amorosas não passam de tolice. Isso não é amor, e causa nas pessoas a fome de amor.

Quando alguém está carente, o que compartilha num relacionamento é a carência. Mas quando está aberto a amar, recebe amor. E se não houver amor, você não tem de ficar por perto. Você se abre para receber amor, mas não se abre para receber abuso. Não se abre para receber condenação; não se abre para receber o veneno dos outros, porque sua mente já não é solo fértil para essas coisas. Quando você se ama e se respeita, não há como consentir que alguém algum dia lhe desrespeite ou desonre.

Quanta gente vem me dizer: "Puxa, quero alguém que me ame. Quero que entre em minha vida o homem (ou a mulher) ideal." Mas quem é o homem ou a mulher ideal? A questão não está centrada neles – a ques-

ESCREVER NOSSA HISTÓRIA COM AMOR

tão é você. Se aquela pessoa entrar em sua vida e você a tratar da forma como trata a si, o que quer dizer, com egoísmo, então irá usá-la para se machucar.

Como podemos querer um relacionamento romântico quando nem mesmo gostamos de nós? Como podemos fingir que amamos o outro, quando não nos amamos? Quando você se sente indigno, quando você não se respeita, tampouco respeita o parceiro. Se você não honrar a si, como poderá honrar ao parceiro? Como poderia dar algo de que não dispõe para uso próprio?

A mais bonita relação romântica precisa começar por você, que é responsável por metade dela: a sua metade. Quando você se respeita, respeita o ser amado. Quando honra a si, honra ao ser amado. Você dá amor e recebe amor. Mas quando você está cheio de veneno, é isso o que você dá. Quando abusa de si, desejava abusar do ser amado. É pura insensatez.

Quando você ouve as histórias das pessoas, inclusive a sua própria, não ouve senão mentiras. Mas por trás da história, tudo é amor, o que significa que tudo e todos são divinos. Você é divino, perfeito, mas, como artista, cria sua própria história e tem a ilusão de que ela é real. Você vive sua vida na justificativa de tal história. E ao justificá-la você está desperdiçando sua vida.

A VOZ DO CONHECIMENTO

Como afirmei antes, a vida é muito curta. Você não sabe se os filhos, ou os amigos, ou a pessoa amada ainda estarão aqui amanhã. Imagine que sua opinião importe tanto para você que o leve a ter uma briga séria com seu parceiro ou seu filho. Perdendo o controle por causa de todas as mentiras em que acredita, você acaba magoando a pessoa amada. No dia seguinte tem a notícia de que a pessoa morreu. Como você se sentirá após ter dito a ela todas as coisas que realmente não teve intenção de dizer?

Nossa vida é tão curta que procuro curtir meus filhos ao máximo toda vez em que os encontro. Sempre que posso, desfruto minha pessoa amada, minha família, meus amigos, meus aprendizes. Mas principalmente desfruto a mim, porque estou comigo o tempo todo. Por que eu deveria passar meu precioso tempo comigo me julgando e me rejeitando, criando sentimentos de culpa e vergonha? Por que eu deveria me obrigar a sentir raiva ou ciúmes? Se não me sinto psicologicamente bem, procuro descobrir a causa e resolvê-la. Então posso recuperar minha felicidade e prosseguir com minha história.

Quando você escreve sua história com amor, ama incondicionalmente o personagem principal. Esta é a

ESCREVER NOSSA HISTÓRIA COM AMOR

maior diferença entre a velha história baseada nas mentiras e a nova história baseada no amor. Quando você se ama incondicionalmente, justifica e explica tudo o que percebe através dos olhos do amor. Quando este novo personagem principal atrai sua atenção, este está concentrado no amor. Agora se torna fácil amar incondicionalmente todas os personagens secundários da história, porque tal é a natureza do novo personagem principal. Isto é sabedoria; é simples bom senso e é a meta de todas as diversas tradições de religiões pelo mundo afora.

O amor é muito simples, fácil e maravilhoso, mas começa em você. Quando você se ama e vive com a consciência de seu amor, todos os relacionamentos melhoram. Pouca gente sabe amar com consciência, mas todo mundo sabe amar sem consciência. Quando amamos sem consciência, nem mesmo notamos que é amor o que estamos sentindo. Vemos uma criancinha que nos sorri e sentimos alguma coisa por ela. Isto é amor, mas naturalmente a voz do conhecimento nos diz: "Isto não é amor." Amamos tantas vezes e nem sequer percebemos que estamos amando.

Amor e respeito é também o que deveríamos ensinar a nossos filhos, mas a única forma de lhes ensinar amor e respeito é amar e respeitar a nós mesmos. Não existe outra maneira. Aliás, só podemos dar aquilo que temos, e não o que não temos. Só posso compartilhar o que sei, e nada posso lhe dizer do que não sei. Meus pais me ensinaram o que aprenderam com os pais deles. Como poderiam me ensinar algo diferente? Não conseguiram fazer nada melhor. Não posso condená-los pela programação que recebi. Não posso condenar meus professores pelo treinamento que recebi na escola. Eles deram o melhor de si; era só o que sabiam, e transmitiram-no à geração seguinte.

A única chance de romper a cadeia de mentiras é mudar os adultos, é mudar a nós mesmos. As crianças são muito conscientes. Elas aprendem com aquilo que fazemos; elas aprendem o que vêem, e não só aquilo que dizemos.

E nós lhes recomendamos: "Não minta a ninguém, nunca." Mais tarde alguém bate à nossa porta e dizemos: "Diga que não estou em casa." Tudo o que fazemos em casa, nosso comportamento, nossa maneira de tratar os demais são as coisas que nossos filhos aprendem. Se nunca estamos em casa, esse comportamento se torna normal para eles. Quando crescerem, também estarão ausentes de casa e os filhos deles ficarão sozinhos. Nossa maneira de falar será a mesma que adotarão. Se em casa usarmos palavrões, eles também usarão. Se receberem

ESCREVER NOSSA HISTÓRIA COM AMOR

violência, usarão violência. Se brigarmos e espalharmos nossa raiva e veneno, eles aprenderão tal conduta como um jeito normal de ser, e é assim que escreverão suas próprias histórias. Mas se em casa houver respeito e honradez, se em casa existir amor, é isso que aprenderão.

Se mudarmos nossa maneira de ser, se tivermos amor por nós, a mensagem transmitida a nossos filhos conterá as sementes do amor e da verdade. Essas sementes penetrarão neles e poderão lhes mudar a vida. Imagine como nossos filhos crescerão se partilharmos com eles a semente do amor, em lugar das sementes do medo, do julgamento, da vergonha ou da condenação. Imagine como crescerão quando nós finalmente os respeitarmos como seres humanos iguais a nós, e não tentarmos lhes destruir a integridade porque somos maiores e mais fortes. Imagine quando ensinarmos nossos filhos a se sentirem seguros de si e a terem sua própria voz. Imaginem como tudo mudará se trouxermos respeito a todas as relações.

Já me perguntaram por que não trabalho com crianças, e a razão é: porque elas têm pais. Não importa o que eu diga às crianças – o que eu disser será desfeito pelos pais. Prefiro ensinar aos pais e aos professores, já que nossas crianças aprendem com eles. Nosso futuro como espécie humana depende das crianças. Um dia elas nos

A VOZ DO CONHECIMENTO

substituirão e nós as estamos treinando para serem iguais a nós. Imagine só se quando você era criança seus pais lhe tivessem contado uma história diferente. Sua história de vida seria totalmente diferente. No entanto, você ainda pode mudar sua história, e, caso tenha filhos, a única forma de mudar a história deles é mudar a sua própria.

Amar é tão fácil; não dá trabalho nenhum. Entretanto, temos um imenso trabalho a fazer, o de desaprender todas as mentiras em que acreditamos. Desaprender mentiras não é fácil, porque somos apegados à segurança que elas nos proporcionam. Entretanto, quanto mais praticarmos a verdade, mais fácil será se desfazer das próprias mentiras. A transformação de nossa vida vai sendo facilitada pela prática, e a vida se torna cada vez melhor.

Quanto mais tivermos amor, mais poderemos distribuir e receber amor. O propósito de um relacionamento consiste em darmos um ao outro e recebermos um do outro. Não precisamos de muitas palavras. Quando partilhamos o tempo com alguém, o que importa é se comunicar com sentimentos, não com palavras. Mas se quisermos compartilhar palavras, não precisamos de nada complicado. São apenas três palavras: "Eu te amo." Nada mais. O que faz a felicidade da

ESCREVER NOSSA HISTÓRIA COM AMOR

gente não é o amor que o outro sente por nós, e sim o amor que sentimos pelo outro.

Depois de passar pela experiência de amar, não conseguimos achar as palavras para explicar o que realmente sentimos, mas amar é a melhor experiência que qualquer um de nós pode ter. Vivenciar o amor é vivenciar Deus; é vivenciar o céu aqui e agora. Quando a voz do conhecimento já não está dominando nossa atenção, nossa percepção se torna muito mais ampla. Começamos a perceber nossas próprias reações emocionais e as alheias. Daí começamos a perceber as emoções que vêm das árvores, das flores, das nuvens, de tudo. Vemos o amor surgindo de toda parte, até mesmo de outras pessoas. A certa altura ficamos simplesmente em êxtase, e não há palavras para explicar o fato, já que não existe ainda um acordo quanto à maneira de explicá-lo.

O que chamamos *amor* é algo tão genérico que não chega a ser o que o amor realmente é. O amor é muito mais do que as palavras conseguem descrever. Como eu disse antes, sobre a verdade não há como falar: precisamos vivenciá-la. O mesmo acontece com o amor. A única forma de amar de verdade é vivenciar o amor, ter a coragem de se atirar no oceano do amor e percebê-lo em sua totalidade. Esta é a única forma, porém somos programa-

A VOZ DO CONHECIMENTO

dos com tanto medo que não vemos o amor surgindo de tudo à nossa volta. Buscamos amor em outras pessoas, quando elas não se amam. Evidentemente, ali não acharemos amor; só acharemos egoísmo e disputa por controle.

Você não precisa procurar o amor. O amor está presente, porque Deus está presente; a força da vida está em toda parte. Nós, seres humanos, criamos a história da separação e procuramos aquilo que acreditamos não ter. Procuramos perfeição, amor, verdade, justiça; e procuramos sem cessar, embora tudo isso esteja dentro de nós. Tudo está aqui; para enxergar só precisamos abrir nossos olhos espirituais.

Não há nada que você precise fazer para melhorar o que você já é. A única coisa que nos resta fazer é criar uma linda história e desfrutar de uma vida melhor. Como podemos criar uma linda história? Sendo autênticos. Quando o personagem principal é autêntico, é fácil escrever sua história com integridade, bom senso e amor.

A vida é a maior dádiva recebida por nós, e a arte de viver é a mais importante de todas. Como podemos nos tornar mestres na arte de viver? A prática faz o mestre. Não se trata de aprender; trata-se de agir e de praticar a própria arte. Como artista, se você praticar o amor, e continuar a praticá-lo sem parar, chegará um momento em que tudo que você fizer será uma expressão de seu amor. Como saber em que momento você se tornou mestre no amor? Quando a história que você conta a si mesmo se transformar num permanente romance.

Temas para reflexão

- A melhor forma de escrever sua história é com amor – a matéria-prima que emana diretamente de sua integridade, do que você realmente é.

- Quando assimilar o compromisso do respeito por si próprio, muitas autocríticas acabarão, e também a maior parte da auto-rejeição. Então você permitirá que a voz lhe fale, e o diálogo será muito melhor. Você sorrirá e se divertirá, mesmo só.

- Quando você gosta de sua própria presença, se ama não pelo seu jeito de ser, mas por *aquilo* que você é. Quanto mais se amar, mais gozará sua vida e a presença de todos a seu redor.

- Toda e qualquer atividade de sua vida pode se transformar num ritual de amor – comer, caminhar, falar, trabalhar ou brincar. Quando tudo se transforma num ritual de amor, você deixa de pensar naquilo que está sentindo. O simples fato de estar vivo lhe causará intensa felicidade.

- Quando você se ama incondicionalmente, justifica e explica tudo o que percebe com os olhos do amor. Sua atenção se concentra no amor, o que torna fácil senti-lo incondicionalmente por todos os personagens secundários de sua história.

- O único jeito de conhecer o amor é passar pela experiência de amar, ter a coragem de se atirar no oceano do amor e percebê-lo em sua totalidade. Depois de vivenciar o amor, você não consegue encontrar palavras para explicar o que sente, mas o enxerga vindo de todos, de tudo, de toda parte.

11

ABRIR OS OLHOS ESPIRITUAIS
A realidade do amor que nos cerca

OUTRA OPORTUNIDADE QUE TIVE DE ENCONTRAR A verdade ocorreu durante um acidente de carro tão dramático que quase me causou a morte. Não há palavras para explicar o que vivenciei, mas a verdade tornou óbvio que aquilo em que eu acreditava era uma mentira. Como a maioria das pessoas, sempre acreditei que estou em minha mente e em meu corpo físico. Vivo em meu corpo físico; é meu abrigo e posso tocá-lo. Então, em minha experiência de quase-morte vi meu corpo físico adormecido ao volante do carro. Se eu estava percebendo meu corpo físico desde o exterior do corpo, então era óbvio que eu não estava em minha mente, e nem em meu corpo físico. Então me ocorreu a pergunta: *Eu sou o quê?*

No momento em que fiquei de cara com a morte, comecei a perceber outra realidade. Minha atenção se expandiu tanto que não havia futuro nem passado; só havia o eterno agora. A luz estava em toda parte e tudo estava cheio de luz. Senti minha percepção atravessar todas essas realidades distintas, até que recuperei minha atenção e consegui me focalizar em um universo de cada vez. Eu estava na luz e foi um momento de consciência total, de percepção pura. Em dado momento eu soube que a luz tinha toda a informação sobre tudo e tudo estava vivo. Posso dizer que eu estava com Deus, que estava em bem-aventurança, em estado de êxtase, mas estas são apenas palavras que conheço.

Depois do acidente, minha percepção do mundo tornou a mudar, porque eu soube – não como simples teoria – que não sou este corpo físico. E comecei uma busca diferente da busca anterior ao acidente. Antes deste eu ainda estava em busca da perfeição, de uma imagem para satisfazer o personagem principal de minha história. Depois do acidente eu sabia que estava buscando algo que havia perdido: eu mesmo.

ABRIR OS OLHOS ESPIRITUAIS

Levei mais de um ano para me recuperar do impacto de ver minha própria criação a partir de uma perspectiva exterior ao corpo. Minha primeira reação depois do acidente foi tentar negar o acontecido. Tentei me sentir seguro em meu mundo de mentiras e disse a mim mesmo: "Isto não é verdade; é só uma ilusão." Pensei que certamente seria apenas uma alucinação causada pelo acidente. Criei histórias de todos os tipos para justificar aquela experiência, e sei que muitas pessoas fazem o mesmo. Elas tentam esquecer o assunto, para poder continuar com suas histórias costumeiras. Mas algo dentro de mim estava me dizendo: "Não, isto é real." Por sorte fiquei na dúvida e pensei: "E se essa experiência for real e as outras coisas de minha vida forem uma ilusão?"

Depois daquela experiência não fui mais o mesmo — já não consegui continuar a acreditar em minha história. Eu precisava de muitas respostas, e comecei a ler livros de toda espécie para tentar descobri-las. Algumas pessoas descreviam uma experiência semelhante, mas praticamente ninguém conseguia explicar o ocorrido. Terminei os estudos de medicina, voltei para casa e fui direto contar a meu avô sobre minha experiência. Ele apenas riu e disse: "Eu sabia que a vida faria você enxergar a verdade do jeito mais difícil. E assim lhe aconteceu porque você sempre foi muito teimoso."

Declarei a ele que eu precisava passar de novo – sem ser num acidente, é claro – por aquela realidade para ver se era verdadeira. Ele me disse: "Ora, o único jeito de você poder fazer isso é abrir mão de tudo, exatamente como fez no momento em que morreu. Quando a gente morre, perde tudo, e se você viver a vida como se já tivesse perdido tudo, terá de novo aquela experiência." Ele me deu várias sugestões, e tentei muitas vezes fazer o que me aconselhou, mas não consegui. Quando vovô morreu, eu ainda não tinha conseguido o que tencionava.

A próxima da fila era minha mãe, e a explicação dela foi um pouco diferente. Ela me disse: "O único jeito de você vivenciar aquela realidade é dominar o sonho. Para fazer isso, você precisa se desapegar completamente daquilo que acredita ser; você precisa abrir mão da história de sua vida. É exatamente como naquele momento pouco antes de seu cérebro adormecer – quando você está tão cansado que já não consegue ficar de olhos abertos. Naquele momento você se desapega de tudo; você não se preocupa com nada em sua história porque só deseja dormir. Quando conseguir fazer o mesmo sem cair no sono, terá de novo a experiência."

ABRIR OS OLHOS ESPIRITUAIS

Pedi a minha mãe que me ajudasse, e como ela teve pena de mim escolheu 21 pessoas para lhes dar treinamento na arte de sonhar. Durante três anos, todos os domingos, entrávamos em estado de sono de oito a doze horas. Nenhum dos 21 participantes faltou a um só domingo. Havia no grupo oito ou nove médicos, advogados, muitas pessoas de grande importância pessoal. Mas segundo minha mãe, só três de nós conseguiram de fato. Felizmente, fui um deles, e depois do primeiro ano de sonhos, finalmente passei de novo pela experiência com plena consciência. Foi o que bastou; a partir dali os outros dois anos de sonhos foram a experiência mais extraordinária de minha vida.

Cada vez que eu entrava no estado de êxtase, conseguia permanecer assim por um período maior. Então, passados alguns dias, eu de novo perdia aquele estado e voltava à minha maneira de ser de praticamente toda a vida. Ai! Que raiva! Estava decidido a ficar vivenciando aquele estado o tempo todo. Não me conformava em viver minha vida de outra maneira. Levei três ou quatro meses para ter a experiência pela terceira vez, mas aconteceu de novo, e agora consegui ficar mais tempo. Aquilo foi se tornando cada vez mais fácil e eu permanecia por mais tempo, até o estado se transformar em minha realidade normal.

A VOZ DO CONHECIMENTO

No começo era difícil funcionar na realidade prosaica, principalmente num hospital, na qualidade de médico. Tinha a sensação de que nada fazia sentido para mim, mas em alguns aspectos eu estava funcionando melhor. Era como se conseguisse ver duas realidades ao mesmo tempo. Eu via o que de fato era, mas também conseguia ver as histórias. E foi um grande choque, a certa altura, me ver mentir, e ver todo mundo a meu redor mentir. Embora eu não fizesse nenhum julgamento do fato, pude ver que as pessoas estavam transformando as próprias vidas em absurdos. Eu as via criar dramas e sofrimento emocional. Elas ficavam muito perturbadas por coisas irrelevantes. Inventavam histórias e mentiam a respeito de tudo. Era surpreendente e até mesmo um tanto engraçado observá-las mentir. Mas eu precisava me conter para não rir, porque sabia que levariam para o lado pessoal. Elas não conseguiam ver suas próprias histórias porque estavam cegas.

As pessoas têm o direito de viver suas vidas como bem entendem. Mas você compreenderá se tiver passado pela experiência que descrevi. Certamente muita gente passou pela mesma experiência, mas depois o medo as leva a tentar negar o sucedido. Em ocasiões em que administrei *workshops*, vi as pessoas vivenciarem intensa-

ABRIR OS OLHOS ESPIRITUAIS

mente o amor, e entenderem muita coisa. Entretanto, se enxergarem em suas próprias histórias alguma coisa que desagrade a elas, tratam logo de negar a experiência inteira e fugir. E se a verdade as atingir pessoalmente, elas desautorizarão tudo, e fugirão com uma quantidade de julgamentos formados. Vejo isso acontecer o tempo todo, mas não faz mal, já que essa é toda a dose de verdade com que elas são capazes de lidar.

Foram necessários muitos anos para eu superar o conflito entre a verdade e o que não é verdade, porque nossas mentiras são muito sedutoras. A tentação de acreditar em mentiras é muito forte, mas o acidente de carro me empurrou para outro ponto de referência. E, sim, agora sei que existe uma outra realidade exatamente aqui e agora, e ultrapassa a realidade de luz e som que normalmente percebemos. Há muitas realidades em existência, mas só percebemos aquela em que focalizamos nossa atenção.

Posso dizer que, segundo minha história, a realidade que vivenciei foi uma realidade de amor. A energia do amor é exatamente como a luz do sol. A luz solar se decompõe em milhares de cores diversas e parece diferente dependendo do que a esteja refletindo. É por isso que conseguimos ver diversas cores, contornos e formas.

· 191 ·

A VOZ DO CONHECIMENTO

Para mim o mesmo acontece nessa realidade de amor. Você percebe o reflexo das emoções que vem de cada objeto, e, como no caso da luz, a emoção do amor parece diferente dependendo daquilo que o reflita. O corpo emocional cria uma realidade completa bem diante de seus olhos, e no mesmo lugar onde existe a realidade de luz. Naturalmente, é quase impossível expressá-la em palavras, mas acho que vale a pena tentar.

Quero que você use a imaginação para tentar entender o que estou dizendo. Quero que imagine que por milhares de anos os seres humanos tenham sido cegos. Por não ter nunca aberto os olhos, não temos a menor idéia da existência da luz. No entanto, desenvolvemos os demais sentidos, e com a ajuda do som criamos uma realidade virtual completa. Como os morcegos, reconhecemos objetos por meio do som refletido. Atribuímos nomes a cada objeto e emoção. Criamos uma língua, criamos o conhecimento e nos comunicamos por meio do som. Essa é nossa realidade – uma realidade sonora.

Então, imagine que pela primeira vez na vida você abrisse os olhos e percebesse a luz. De súbito, aparece à sua frente uma realidade cheia de objetos, formas e cores. Você não consegue entender essa realidade porque nunca tinha visto a luz. Pela primeira vez você vê

ABRIR OS OLHOS ESPIRITUAIS

as flores, as nuvens, a relva e as borboletas. Você vê a chuva, a neve, os oceanos, as estrelas, a lua o sol. Talvez você nem mesmo perceba essas coisas como objetos individuais, porque não tem idéia do que está percebendo. Não consegue dizer o nome de nenhuma das coisas vistas; não há palavras para descrever sua experiência. Você precisa usar o universo do som para explicar o universo da luz. Você procura comparar cores com sons, formas com melodias. Você afirma: "A cor vermelha é como tal espécie de tom na escala musical. O oceano lembra essa sinfonia."

Imagine sua reação emocional ao ver pela primeira vez tantas cores e tanta beleza. Sob o impacto avassalador da emoção, as lágrimas escorrem de seus olhos. Só por você perceber toda essa beleza, seu coração começa a se escancarar e o amor começa a jorrar de você. Se tentar descrever suas emoções, você dirá: "Estou em bem-aventurança. Estou em êxtase. Estou em estado de graça." Então você fecha os olhos e volta a perceber só a realidade do som. Agora, mesmo querendo, não consegue abrir os olhos outra vez.

Como poderia explicar a si mesmo aquela experiência, quando não há palavras para explicá-la? Como poderia explicar a cor, os contornos ou a forma de

A VOZ DO CONHECIMENTO

uma borboleta? Como dividiria essa experiência com outras pessoas, se elas nunca viram a luz? Como poderia acreditar que a realidade do som é a única realidade que existe?

Agora podemos entender por que Moisés desceu da montanha e falou sobre a Terra Prometida. Que mais poderia ter dito? Ou podemos entender o que sentia Jesus ao mencionar o reino dos céus, depois de ter passado quarenta dias no deserto. Ou Buda ao despertar do êxtase debaixo da figueira sagrada e falar sobre o Nirvana. Quando você abre os olhos espirituais, a primeira coisa que diz é: "Estou com Deus e os anjos. Estou no céu, no paraíso, e tudo é muito bonito. Na cidade de Deus só existe beleza e bondade; não há lugar para medo nem sofrimento. É simplesmente maravilhoso." Os outros vêem que você mudou. Vendo sua reação emocional eles sabem que algo profundo lhe aconteceu.

Do meu ponto de vista, a realidade que vivenciei consiste nisso tudo reunido – é êxtase o tempo todo. Em minha mitologia pessoal, vivenciei a realidade da verdade, a realidade do amor. É uma realidade que pertence a todos nós, embora não a vejamos. E se não conseguimos vê-la é porque estamos cegos em razão de todas as mentiras que datam de milênios. Se você conseguir abrir o

ABRIR OS OLHOS ESPIRITUAIS

que chamo de olhos espirituais, perceberá *o que é* sem as mentiras, e posso lhe garantir que sua reação emocional será avassaladora. Para você já não será uma teoria sua história não passar de um sonho. O céu é a verdade, mas a história que você está percebendo neste momento não é a verdade; é uma ilusão.

O que é real é extremamente bonito e não há palavras para explicá-lo, mas ele está ali. Há toda uma realidade criada pelo reflexo das emoções, e naquela realidade você pode ver que o que é real é seu amor. Sei que antes de ter aprendido a falar sempre percebi aquela realidade. Sei que antes da voz do conhecimento todos nós percebíamos o tempo todo aquela realidade. Você é algo de incrivelmente magnífico. E não o são apenas os seres humanos, mas cada animal, cada flor, cada pedra, porque tudo é uma coisa só. Quando você abre os olhos espirituais, enxerga a simplicidade da vida. Eu sou a vida, e você é a vida. No universo não há espaço vazio, porque tudo está cheio de vida. Mas a vida é a força que você não consegue ver. Você só vê os efeitos da vida, o processo da vida em ação.

Você vê uma flor se abrindo ou uma árvore cujas folhas mudam de cor e caem no chão. Você vê uma criança crescendo. Você vê um ser humano envelhecendo. Você tem a noção do tempo, que não é senão a reação da vida passando através da matéria. Você não vê a si mesmo, mas vê a manifestação da vida em seu corpo físico. Se puder mexer a mão, verá a manifestação de estar vivo. Se ouvir sua voz, ouvirá a manifestação de estar vivo. Pode ver seu próprio corpo físico quando você, que tinha mãos pequeninas e pele jovem, vê suas mãos crescidas. Vê todas as mudanças em seu próprio corpo físico, mas ainda assim tem a sensação de que você é a mesma pessoa de antes.

A descrição mais exata que consigo fazer de sua condição é que você é uma força da vida que está transformando tudo. Essa força está criando cada pensamento. O espírito da vida se expressa por intermédio de seu corpo físico, e seu corpo físico pode dizer: "Eu estou vivo", porque aquela força de transformação vive em cada célula de seu corpo físico. Aquela força tem consciência para perceber uma realidade completa, aquela força sente tudo. Seu corpo físico está percebendo você agora mesmo. Seu corpo consegue sentir você, e quando ele o faz, entra em êxtase. Sua mente também consegue sentir você, e quando ela o faz, você tem a vivência de um amor tão intenso e de tanta compaixão que já não consegue mais pensar.

ABRIR OS OLHOS ESPIRITUAIS

Vejo meu corpo físico como um espelho no qual a vida, por meio da luz, consegue ver a si mesma. Vejo meu corpo físico como a evolução da vida. A vida está em evolução, ela é matéria pulsante, ela está criando. A criação da humanidade ainda não terminou. A criação da humanidade está acontecendo agora mesmo em seu corpo físico. Aquela força está ajudando você a evoluir. A força faz você perceber, analisar, sonhar e criar uma história sobre tudo que você percebe.

A vida é a força que Deus usa para criar tudo a todo instante. Não há diferença entre seres humanos, cães, gatos, árvores. Tudo é movido pela mesma força vital. Do meu ponto de vista, sou aquela força. Graças à vida, crio minha arte, crio minha experiência toda e ela é assombrosa. Por minha causa tenho emoções. Por minha causa crio conhecimento e tenho o dom da fala. Por minha causa crio a história. A força que me faz pensar e contar minha história é a mesma força que faz você ler e entender. Não há diferença, e está acontecendo neste exato instante.

Vejo-me envelhecer, e sei que um dia deixarei este corpo físico. Quando eu o deixar, ele vai retornar à terra, mas a vida não pode ser destruída. A vida é eterna. Para mim, em meu encontro com a verdade, ficou muito claro que a vida é a única força que age em bilhões de direções na criação do universo. Essa força nunca morre. Somos a vida, e a vida é imortal. Somos indestrutíveis, e considero isso uma ótima notícia.

Depois de abrir os olhos espirituais, você vê o sonho de sua vida, vê quanto tempo desperdiçou às voltas com preocupações mesquinhas, às voltas com toda a insensatez e o drama irrelevante. Você vê como impede a si de gozar uma realidade de amor, uma realidade de alegria.

Com sua atenção concentrada naquilo em que acredita, você não consegue perceber essa outra realidade. Se sua atenção estiver subjugada pela voz do conhecimento, você só enxergará seu conhecimento. Só enxergará o que quiser enxergar, e não o que de fato existe. Você só ouvirá o que quiser ouvir, e não aquilo que está realmente expressando o amor que sente por você. Você só se relaciona com aquilo em que acredita, com aquilo que sabe, com aquilo que pensa ser, ou seja, que você só se relaciona com sua própria história. E você acha que você é a história, mas será que é mesmo? Você não é nem o corpo físico, nem a história. A história é sua criação e, acredite ou não, seu corpo físico também é sua criação, porque você realmente é aquela força vital.

ABRIR OS OLHOS ESPIRITUAIS

Todos somos apenas um mesmo ser vivo e viemos do mesmo lugar. Não há diferença entre nenhum de nós; somos todos um mesmo. Você pode olhar sua mão e ver que tem cinco dedos. Se concentrar a visão em um dedo de cada vez, poderá achar que eles são diferentes, mas a mão é uma só. O mesmo acontece com a humanidade. Existe apenas um mesmo ser vivo, e este ser é uma força que fica movendo cada um de nós como um dedo numa das mãos. Mas todos os dedos pertencem à mesma mão. Os seres humanos compartilham o mesmo espírito; nós compartilhamos a mesma alma. Entre eu e você não há diferença – pelo menos, a meus olhos. Sei que sou você e não duvido em absoluto, porque consigo ver dessa forma.

Por trás de sua história está o verdadeiro você, que está cheio de amor. A bondade está logo ali, porque bondade é o que você é. Você não precisa tentar ser bom; só precisa parar de fingir ser aquilo que não é. Você é um só com Deus, e isso não sobrecarrega. Deus está aqui, você pode sentir a presença dele. Naturalmente, se você não sente a presença de Deus, precisa se desapegar de sua história, que é o único obstáculo entre você e Ele.

Depois que você encontra a si mesmo, encontra o que você realmente é, já não consegue explicar o que é, por falta de palavras para explicá-lo. Se você usa o conhecimento, nunca sabe o que você é, mas você sabe o que é porque você existe. Você está vivo, e não precisa justificar sua existência. Pode ser o mistério máximo de sua própria história.

Temas para reflexão

- Existe uma outra realidade exatamente aqui e agora, e ela ultrapassa a realidade da luz e do som que normalmente percebemos. Nessa realidade podemos perceber o reflexo das emoções que vêm de todo objeto. Nesta realidade, o real é nosso amor.

- A realidade da verdade, a realidade do amor, é uma realidade que nos pertence. Antes da voz do conhecimento, percebíamos essa realidade o tempo todo. E se agora não conseguimos vê-la é porque estamos cegos em razão de todas as mentiras que datam de milênios atrás.

- A energia do amor é exatamente como a luz que vem do sol. Como a luz solar, a emoção do amor parece diferente dependendo daquilo que esteja refletindo o amor.

ABRIR OS OLHOS ESPIRITUAIS

- Se você abrir seus olhos espirituais, perceberá aquilo que é sem as mentiras. Para você já não será uma teoria sua história não passar de um sonho. O céu é a verdade, mas a história que você está percebendo neste momento não é a verdade; é uma ilusão.

- A vida é uma força que você não consegue ver. Você só vê os efeitos da vida, o processo da vida em ação. Não vê a si mesmo, mas vê a manifestação da vida em seu corpo físico. Você tem o sentido do tempo, que não é senão a reação da vida passando através de você.

- Você é algo incrivelmente magnífico. Você é vida, e não somente você, mas cada animal, cada flor, cada pedra é vida, porque tudo está cheio de vida. Todos nós somos só um mesmo ser vivo, e todos viemos do mesmo lugar.

12

A Árvore da Vida
A história completa o ciclo

Acredito que todo ser humano é um anjo que tem uma mensagem a entregar. Eu sou um anjo. Neste exato momento estou entregando a você uma mensagem. Você também é um anjo – talvez não saiba, mas mesmo assim você o é. Os seres humanos estão sempre compartilhando opiniões e entregando mensagens. Não é verdade? Quase não agüentamos esperar nossos filhos crescerem, para poder ensinar a eles o que sabemos. Nosso desejo é colocar na cabeça deles todas aquelas sementes: o que é certo, o que é errado; o que é bom, o que é mal. E qual é a mensagem que entregamos a nossos filhos? Faça o que digo, mas não faça o que faço? Diga-me a verdade, quando estou sempre mentindo?

Há dois tipos de anjos: os anjos que compartilham a verdade e os anjos que compartilham mentiras. Então, cabe perguntar: que tipo de anjos nós somos? Que tipo de mensagem entregamos? Quando nós, seres humanos, vivíamos no paraíso, antes do conhecimento, éramos anjos que compartilhavam a verdade. Quando comemos o fruto da Árvore do Conhecimento o anjo caído se reproduziu em nossa mente, e também nos transformamos em anjos caídos. Somos anjos caídos porque entregamos mentiras, ainda quando não sabemos que estamos mentindo.

A voz do anjo caído é tão alta que não conseguimos ouvir a outra voz, que é silenciosa, e à qual chamo *a voz do Espírito*, nossa *integridade, a voz do amor*. Essa voz silenciosa está sempre presente. Antes de aprendermos a falar, quando tínhamos 2 ou 3 anos de idade, ouvíamos essa voz.

Quando eu era criança costumava assistir aos desenhos animados do Pato Donald, de Walt Disney. Num dos lados da consciência do Pato Donald havia um anjo, e do outro lado havia um diabinho, e ambos

A ÁRVORE DA VIDA

ficavam falando com ele. Pois bem, isso é real. O contador de histórias é aquele diabinho. Você tem uma voz que fica lhe dizendo por que você não está à altura, por que não merece amor, porque você não pode confiar, porque você nunca será importante, ou bonito, ou perfeito. A voz fica mentindo e o poder que ela detém é o que você lhe atribui.

A voz do conhecimento é alta; ela não é silenciosa. A voz de seu espírito é silenciosa porque ela não precisa falar com você. Seu corpo, que já é perfeito, não precisa saber como se tornar perfeito pelo ponto de vista que você adota. Quando nascemos, não sabemos o que somos — pelo menos, não com palavras. Mas seu corpo sabe o que ele é, e não precisa explicá-lo com palavras, exatamente como seu fígado não precisa ter estudado medicina para saber como funcionar. Ele apenas sabe o que fazer.

Há outras coisas que um indivíduo simplesmente sabe. Se você é mulher, não precisa aprender como ser mulher; não precisa aprender como desenvolver um feto ou como dar à luz uma criança. Pela própria natureza você sabe o que é; e não precisa aprender aquilo que é. Isto é conhecimento silencioso. Você apenas sabe. Com um fechar de olhos você pode sentir o conhecimento silencioso. Pode senti-lo cada vez que respira.

A VOZ DO CONHECIMENTO

Você é um anjo, e sua vida é sua mensagem. Mas que tipo de anjo você quer ser? Não se pode servir a dois senhores. Não se pode compartilhar mentiras e ao mesmo tempo compartilhar a verdade. Não é lógico?

O conhecimento sempre fora o maior tirano de minha vida. Sempre fui um escravo do conhecimento, mas ele já não exerce mais seu poder sobre mim. E não tem poder sobre mim porque não acredito no conhecimento. Não aceito aquela voz em minha mente me dizendo por que ninguém gosta de mim, por que não mereço, por que não sou perfeito. Agora o conhecimento é apenas uma ferramenta de comunicação em meu bolso. O que sei é maravilhoso porque, graças ao conhecimento, posso falar com você e você pode me entender. É o que estou fazendo neste exato momento – estou me comunicando por meio do conhecimento. Tudo o que estou lhe dizendo é expressão de minha arte. Da mesma forma que Picasso usa tintas para compor um retrato, uso o conhecimento para compor um retrato do que vejo e sinto.

Há três ou quatro milênios os seres humanos descobriram que o conhecimento está contaminado pelas mentiras. Se limparmos todas as mentiras de nosso conhecimento, voltaremos ao paraíso que perdemos. Volta-

· 206 ·

A ÁRVORE DA VIDA

remos à verdade, ao amor e nos reuniremos a Deus. Agora podemos ver que a história de Adão e Eva não é apenas uma fábula, e sim um símbolo criado pelo mestre que descobriu a mesma coisa descoberta pelos toltecas. Evidentemente o criador dessa história conhecia a verdade, e seu simbolismo é de extrema beleza.

Sim, um anjo caído que vivia na Árvore do Conhecimento original foi reproduzido em cada ser humano e está controlando as vidas das pessoas até hoje. Nós estamos possuídos, mas não há razão para ter medo. O grande diabo é apenas uma mentira, e as mentiras dele ainda não nos destruíram. Elas fizeram todo o possível, mas falharam, porque somos mais poderosos que o anjo caído. Somos apenas um mesmo ser vivo, e temos vivido neste mundo por milhares de anos.

Adão e Eva não morreram. Eles estão aqui, porque estamos aqui. Você é Adão e Eva. E estamos fazendo um esforço enorme para retornar ao lugar de onde viemos – o Paraíso, aquele lugar de amor e de verdade. Você sabe que ele existe porque você o guarda na memória. Você estava lá quando nasceu, e durante o primeiro e o segundo ano de sua vida você esteve fisicamente ali.

As profecias de numerosas e distintas filosofias do mundo nos dizem que voltaremos àquele lugar do amor.

A VOZ DO CONHECIMENTO

Alguns o chamam de o Reino dos Céus; outros o chamam Nirvana ou a Terra Prometida. Os toltecas chamam-no o Sonho da Segunda Atenção. Cada filosofia lhe atribui um nome diferente, mas o significado é um mesmo: trata-se de um lugar de alegria e de amor. É o lugar da unidade de todos os nossos corações. É a reunião com a vida, porque somos a manifestação do único ser vivo que existe.

Os toltecas acreditam que um dia o bom senso governará o sonho da humanidade. Quando tal ocorrer, descobriremos que tudo e todos são perfeitos. Levará tempo para realizar os sonhos daqueles profetas que sabiam o que aconteceria. Quando eles falavam sobre uma sociedade de amor e felicidade, é porque viviam suas vidas daquela forma, e sabiam que éramos todos um mesmo ser. Se é possível para uma pessoa alcançar um lugar como aquele, todo mundo poderá conseguir. Também há profetas que falam sobre a destruição e o medo, mas acredito que nós, seres humanos, estamos evoluindo na direção correta. O único problema é que existem bilhões de nós, e para haver a mudança da sociedade inteira, será necessário um grande esforço. Mas não é impossível.

Tudo pode mudar, e tudo mudará. Só é preciso de tempo. No século passado testemunhamos rápidas mu-

A ÁRVORE DA VIDA

danças na ciência e na tecnologia. A psicologia ficou um pouco para trás, mas conseguirá alcançar as demais. Em nossa sociedade atual o mundo é completamente diferente da sociedade em que vivíamos há quarenta ou cinqüenta anos. Existe hoje uma quantidade menor de mentiras do que havia oito séculos atrás. Ao ver o quanto evoluímos, tenho fé de que recuperaremos o paraíso.

Imagine só acordar e descobrir que você foi parar na Europa da Idade Média. Você vê indivíduos sofrendo porque suas vidas são governadas pela superstição; eles vivem em constante medo por causa das mentiras em que acreditam. Você acha que conseguiria viver a vida da forma como está vivendo agora? Acho que não. Imagine-se como se fosse uma mulher que deseja contar para todos sobre as crenças que governam a sua vida agora mesmo. Você percebe que não se encaixa no sonho deles, o qual, a seu ver, consiste num autêntico pesadelo. Você deseja revelar às mulheres que elas não precisam sofrer mais, que não precisam aceitar abusos. Você deseja contar a elas que também são seres humanos, que possuem uma alma, e que têm o direito de ser felizes, o direito de se expressar nesta vida.

Como acha que todos lhe julgariam, caso levasse a eles tais idéias? Certamente diriam que você era uma

• 209 •

A VOZ DO CONHECIMENTO

pessoa do mal, que estava possuída, que o diabo estava falando por sua boca. Quanto tempo acha que sobreviveria? Não muito, porque eles iriam queimá-la viva. Se você considera um inferno nossa sociedade atual, infernal de fato era aquela sociedade. Para nós, é evidente que as regras sociais, morais e religiosas daquela época se apoiavam em mentiras, mas para eles não estava tão óbvio.

Talvez as mentiras em que acredita a seu respeito não estejam tão óbvias para você, que, no entanto pode ver o resultado daquilo em que acredita. E qual é o resultado? Ora, é o jeito como vive sua vida. Quando você acredita na verdade, o resultado é felicidade, amor, bondade. Você se sente bem consigo e com tudo mais. Se você não está feliz, é porque acredita em mentiras. Esta é a origem de todo o conflito humano. Todos os nossos sofrimentos se originam da crença em mentiras.

Como podemos fazer cessar toda a injustiça humana, todas as guerras, toda a destruição de nossa Mãe Terra? Pois bem, por meio de descrer em mentiras. Dito assim parece muito simples, mas você bem pode imaginar a complicação de reorganizar o sistema de crenças de um país inteiro ou da humanidade inteira. Os seres humanos não querem ver desafiadas suas mentiras, por-

A ÁRVORE DA VIDA

que eles não controlam suas próprias mentes. Quem está controlando a mente humana? As mentiras têm o controle total da humanidade. Isto é o que você aprende em qualquer escola de ocultismo, depois de ter alcançado um certo nível de preparo. É uma coisa muito simples, e, no entanto é uma das mais altas revelações em qualquer escola esotérica.

O verdadeiro inimigo é a mentira, e na maioria das tradições esse tem sido sempre o principal segredo, porque as pessoas acreditavam que quem o conhecesse teria poder sobre os outros, e poderia usar mal esse poder. Esse era o pretexto; no entanto, acho que os que entenderam a verdade provavelmente tiveram medo de compartilhá-la. Por quê? Porque as pessoas que acreditavam em mentiras se assustariam com a verdade e queimariam as outras na fogueira. De fato, isto foi que aconteceu em muitas regiões do mundo.

Então, como recuperar o paraíso que perdemos? A solução é simples: a verdade nos libertará. Este é o segredo para se retornar ao céu. Quando você recupera a verdade, a *sua* verdade, acontece um milagre. Você abre os olhos espirituais e retorna ao céu. O céu é a mais bela história feita com amor, e adivinhem só quem o criou? Criamos nosso próprio céu. O céu é uma história; é um sonho que nós, como vida, podemos criar. Mas para a vida criar o céu, o personagem principal da história precisa se render à vida, e permitir que esta se manifeste sem as mentiras.

O céu está aqui, e está ao alcance de todos. O paraíso está aqui, mas precisamos ter olhos para percebê-lo. Isto foi exatamente o que Jesus, Buda, Moisés e Krishna prometeram há tanto tempo, e também todos os grandes mestres do mundo que criaram o céu em suas próprias mentes. Todos eles estão nos dizendo que depende de nós. Se eles podem fazê-lo, você pode fazê-lo, e se você pode fazê-lo, todo mundo também pode.

A verdade nos libertará, mas as mentiras nos mantêm nesta realidade. Não sei há quanto tempo os seres humanos entenderam isso pela primeira vez, mas é tão simples que ninguém precisa entender. Querem coisas mais complicadas que isso, já que o contador de histórias trabalha assim. Quem deixa de acreditar em mentiras já está no processo de cura. O misticismo cristão sabia disso, os egípcios e os toltecas também sabiam, porém era difícil colocá-lo em palavras. Então eles criaram lendas como a história de Adão e Eva.

E isto me remete à outra metade da história de Adão e Eva. Havia outra árvore no Paraíso, que era a Árvore da

A ÁRVORE DA VIDA

Vida, a Árvore da Verdade. Conta a lenda que quem comer o fruto da Árvore da Vida, que é a verdade, viverá para sempre no Paraíso porque a vida é a verdade eterna. O fruto da Árvore da Verdade é a mensagem que vem diretamente da vida ou de Deus. A vida é a única verdade; ela é a força que cria sem cessar. Quando você vê essa força em si mesmo, e quando deposita nela sua fé, está verdadeiramente vivo.

Agora podemos entender o que Jesus quis dizer com as palavras: "Eu sou a vida e só por meu intermédio você pode alcançar o céu." Ele não estava falando sobre o indivíduo Jesus; ele estava falando sobre o fato de ser a Árvore da Vida. O que estava tentando dizer era: "Eu sou a Árvore da Vida. Quem comer do meu fruto viverá comigo no reino dos céus. O reino dos céus é um reino onde cada um é rei."

Isso não é o mesmo que estamos afirmando aqui? Você é o rei de sua própria realidade; é responsável por seu sonho de vida. Jesus também disse: "O reino dos céus se assemelha a uma boda em que você é a noiva, e a verdade ou Deus é o noivo, e vocês vivem numa eterna lua-de-mel." Isto não é lindo?

A verdade não pode ser explicada com palavras, portanto Jesus tentou usar um conceito que todos eram ca-

A VOZ DO CONHECIMENTO

pazes de entender. Ele comparou a uma lua-de-mel a realidade da qual falamos anteriormente. Quando você está casado com a verdade, vive em eterna lua-de-mel. Na lua-de-mel tudo em sua vida se relaciona ao amor. Quando você está apaixonado, vê tudo com os olhos do amor. Quando está amando o tempo todo, tudo é lindo e maravilhoso, e você consegue abraçar o céu.

Agora podemos compreender o que Jesus quis dizer quando falou sobre o perdão, sobre o amor, sobre o céu. Ele disse: "Deixai vir a mim as criancinhas, porque os que se assemelham a elas podem entrar no reino dos céus." Quando você é criança, antes de adquirir conhecimento, o que quer dizer, antes de devorar todas as mentiras, você vive no céu. Quando sofre a queda, é porque é inocente. E quando você recupera aquele paraíso, você se torna de novo como uma criança, porém com uma grande diferença. Agora já não é inocente; agora sabe. Isso lhe dá imunidade; você não pode voltar a cair.

Também podemos dizer que você se torna sábio quando comeu, enfim, do fruto da Árvore da Vida. Comer do fruto dessa árvore simboliza a iluminação. Você se torna iluminado quando se transforma em luz, porém não há palavras para descrever a experiência. É por isso que precisamos usar a mitologia em nossa imaginação

· 214 ·

A ÁRVORE DA VIDA

para entender o que significa. Para de fato saber o que é, precisamos experimentá-la, precisamos passar por ela. A verdade é o você autêntico; é sua própria integridade. Ninguém poderá conduzi-lo a tal lugar. Só você poderá se levar ali.

Ainda que possa mudar sua própria história, ela começa em você, na personagem principal. De um mensageiro de mentiras, medo e destruição você pode se converter em mensageiro de verdade, amor e criação. Quando você retorna à verdade, sua forma de expressão em sociedade fica muito melhor. Sua comunicação se aperfeiçoa. Sua criação se torna mais forte e mais poderosa. Em todos os sentidos a vida que você conhece muda para melhor.

Você não precisa mudar o mundo; você precisa mudar a si mesmo. E você tem de fazê-lo à sua própria maneira, porque só você tem a possibilidade de se conhecer. É óbvio que você não consegue mudar o mundo, pelo menos não por enquanto, porque o mundo não está preparado para a verdade. Você só pode mudar a si, o que já representa um enorme passo. Com a volta à verdade, você dá um enorme passo em favor de todos os demais.

Os portões do céu estão abertos, e o céu está à sua espera. Mas se você não entrar no céu, é porque acredi-

A VOZ DO CONHECIMENTO

ta que não o merece. Acredita que não é digno de viver num lugar de verdade, de alegria e de amor. Trata-se de uma mentira, mas se você acredita nisso, essa mentira controla sua história e você não consegue cruzar os portões do céu.

A verdade não está na história. A verdade está no poder que cria a história. Esse poder é a vida; ele é Deus. Descobri isso há muito tempo, e minha esperança é de que você consiga entender o que estou dizendo. Para entender de fato não basta que você diga em sua mente racional: "Ah, sim, é verdade, tem lógica." Não, você precisa entender com o coração. Estou realmente torcendo para que você queira receber isso em seu coração, porque pode mudar sua vida por inteiro. Não acredite em mim com sua mente, mas sinta o que estou dizendo com seu coração. Concentre a atenção naquilo que sente, e o que você perceberá é sua própria integridade lhe falando. O que é verdade é verdade, e uma parte muito poderosa de você consegue reconhecê-la. Acredite em seu coração.

Sua vida se transformará numa obra-prima quando o contador de histórias finalmente lhe disser somente a verdade. Quando a voz do conhecimento se transforma na voz da integridade, você volta à verdade, volta ao céu, volta ao amor, e o ciclo se completa. Quando isso acontece, você já não

A ÁRVORE DA VIDA

acredita mais em seu contador de histórias nem no contador de histórias dos outros. Assim é minha história, na qual você tampouco precisa acreditar. Você decide se acredita ou não, mas é dessa maneira que vejo o mundo.

No momento em que percebi o infinito, vi que há somente um único ser vivendo no universo. Este único ser é Deus, e por tudo e todos serem manifestações daquele único ser vivo, tudo e todos voltarão àquela fonte.

Não há mais nada a temer; não precisamos ter medo de morrer. Só há uma força que existe, e quando morrermos retornaremos todos àquele mesmo lugar. Mesmo se não quisermos, mesmo se resistirmos, retornaremos àquele lugar porque não existe outro lugar para se ir. Esta é a grande notícia para todo mundo. Não se precisa ter medo de ser condenado ao morrer. No momento da morte, voltarei para Deus, você voltará para Deus, todos voltarão para Deus, e isso é tudo. Não importa ter bastante mérito para Deus. A ele não interessa se temos mérito ou não. Deus nos ama e pronto.

Nossa vida é uma história; ela é um sonho. O reino dos céus está em nossa mente, e é uma questão de escolha voltar a nosso eu autêntico, ver nossa vida em amor e em verdade. Não há razão para nossa vida ser controlada pelo medo e pelas mentiras. Se recuperarmos o controle de nossa história, isso nos dará a liberdade de criar nossa vida com toda a beleza de que formos capazes, como um artista do Espírito. Depois de saber que todos retornaremos a Deus, ao que é verdade, então seria pura insensatez acreditar em mentiras. As mentiras de nossa história não são importantes. O que importa é gozar nosso tempo nesta realidade, viver em felicidade enquanto estamos vivos.

E cabe perguntar: o que você vai fazer com sua história? Minha opção é escrever minha história com verdade e amor. E a sua, qual será?

Temas para reflexão

- A voz do anjo caído é tão alta que não conseguimos ouvir a voz de nosso espírito, nossa integridade, nosso amor. Essa voz silenciosa está sempre presente. Antes de aprendemos a falar, com 1 ou 2 anos de idade, ouvíamos essa voz.

- Quando nascemos, não sabemos o que somos, mas nosso corpo sabe o que ele é, e sabe o que fazer. Isto é o conhecimento silencioso. Você poderá senti-lo cada vez que respirar.

- Você é um anjo, e sua vida é sua mensagem. Você pode ser um mensageiro de mentiras, medo e destruição, ou um mensageiro de verdade, amor e criação. Porém, não pode propagar mentiras e verdade ao mesmo tempo.

- O céu é uma história que criamos quando nos rendemos à vida e permitimos que ela se manifeste sem mentiras. O céu está aqui, e está à disposição de todos, mas é preciso ter olhos para percebê-lo.

- O fruto da Árvore da Vida é a vida; é a verdade. A vida é a única verdade; ela é a força que cria sem cessar. Quando você vê em si próprio essa força, e nela deposita sua fé, está realmente vivo.

- A verdade não está na história. A verdade está no poder que cria a história. A verdade é o você autêntico; é sua própria integridade e ninguém poderá conduzi-lo a tal lugar. Só você pode se conduzir até ali.

- Quando a voz do conhecimento se transforma na voz da integridade, você retorna à verdade, ao amor, ao céu e vive novamente em felicidade.

Orações

Por favor, reserve um momento para, de olhos fechados, abrir o coração e sentir o amor que está a seu redor. Convido-lhe a se juntar a mim numa oração especial para vivenciar a comunhão com nosso criador.

Focalize a atenção em seus pulmões, como se mais nada existisse. Respire fundo e sinta o ar encher seus pulmões. Observe a conexão de amor que há entre o ar e seus pulmões. Sinta o prazer do momento em que eles se expandem para atender à mais alta necessidade do corpo humano – a de respirar. Respire fundo novamente, e depois, ao expirar o ar, sinta de novo o prazer.

O simples ato de respirar nos basta para gozar a vida. Sinta o prazer de estar vivo, o prazer do sentimento de amor...

Oração ao Criador

Ajuda-me hoje, Criador, a criar a história de minha vida tão lindamente quanto você criou o universo inteiro.

A partir de hoje, ajuda-me a recuperar minha fé na verdade, na voz silenciosa de integridade. Peço-lhe, Deus, que manifeste seu amor por meu intermédio, em cada palavra que eu expressar, em cada ação que eu empreender. Ajuda-me a transformar cada atividade de minha vida num ritual de amor e alegria. Permita que eu use o amor como material para criar a mais bela história sobre sua criação.

Hoje, Deus, meu coração está cheio de gratidão pela dádiva da vida. Muito obrigado pela percepção de que você só cria perfeição, e, porque você me criou, acredito em minha própria perfeição.

Deus, ajuda-me a amar incondicionalmente a mim mesmo, para que eu possa dividir meu amor com outros seres humanos, com todas as formas de vida deste formoso planeta. Ajuda-me a criar meu próprio sonho de céu, para a eterna felicidade da humanidade. Amém.

Oração para um Anjo

Hoje, criador, ajuda-me a lembrar minha real natureza, que é amor e felicidade. Ajuda-me a me transformar naquilo que eu realmente sou, e a expressar o que eu realmente sou.

A partir de hoje, ajuda-me a reconhecer cada ser humano como mensageiro seu, com uma mensagem para entregar. Ajuda-me a enxergar você na alma de cada ser humano, por trás das máscaras, das imagens que fingimos ser. Hoje, ajuda-me a entregar a mensagem de minha integridade para aquela parte de mim que está sempre emitindo juízos. Ajuda-me, Deus, a abrir mão de todos os meus julgamentos, de todas essas mensagens falsas que entrego a mim mesmo e a todos a meu redor.

Hoje, ajuda-me a recuperar a consciência de minha própria criação como um anjo, e deixa-me usar minha consciência para entregar sua mensagem de vida, sua mensagem de alegria, sua mensagem de amor. Permita que eu expresse a beleza de meu espírito, a beleza de meu coração, na suprema arte dos humanos: o sonho de minha vida. Amém.

Este livro foi composto na tipografia
Minion Pro, em corpo 12,5/13,8, e impresso em
papel off-white no Sistema Digital Instant Duplex
da Divisão Gráfica da Distribuidora Record.